入社2年目のインバスケット思考

株式会社インバスケット研究所
代表取締役
鳥原隆志

一生ものの仕事の進め方

in-basket thinking

torihara takashi

WAVE出版

はじめに

「あなたの仕事の進め方は100点ですか？」

このような質問を投げかけられたときに、自信満々に「はい」と答えられる人は、あまりいないのではないでしょうか。

では、質問を変えてみましょう。

「あなたの仕事の進め方は何点ですか？」

この質問にも、確信を持って答えることは、なかなか難しいのではないでしょうか。

続けて、もう1つ質問させてください。

「仕事の進め方の点数（スピードと質）を高めるにはどうすればいいですか？」

毎日働いているはずのみなさんが、これら仕事に関する問いに対して、明確な答えが出せないのには、理由があります。

それは、自分の仕事の進め方を〝客観化〟していないからです。

では、客観化するにはどうすればよいのでしょうか。

非常に効果的な方法が1つあります。

それが「インバスケット」です。

インバスケットとは、制限時間内に架空の人物・役職の設定の中で多くの案件処理を行うビジネスゲームです。インバスケットという言葉自体は、直訳すれば「未処理箱」（管理者の机の上に置いて、未処理の案件を入れる箱）という意味です。未処理箱に入っている案件を、限られた時間内により多く正確に処理するゲームだと考えるとわかりやすいのではないでしょうか。

インバスケットでは、限られた時間で多くの案件を処理するので、その人の仕事の進め方が表れます。とにかくがむしゃらに順番通りに案件処理を進める人、注意深く資料の隅から隅まで目を通す人、表面的な処理を行い、時間をあまらせる人など、さまざまです。この表れた傾向からは、普段の仕事の進め方を客観的に分析することができます。

また、自分の仕事の進め方を客観的に見直すことで、弱点を知ることができます。そして、次からのインバスケットでは、自分の弱点を正すようにして取り組みます。これを繰り返すことで、自分の仕事の進め方の精度を高めることができるのです。

インバスケットはアメリカ空軍から生まれたものですが、このようなメリットがあることから、現在では、一流企業の多くでも、ビジネス・シミュレーション・ゲームとして、選抜試験や教育目的に活用されています。

さて、前著『究極の判断力を身につけるインバスケット思考』では、このインバスケットの面白さを、より多くの人に体験してもらうことに、知恵を絞りました。その結果、多くの方からのご意見、ご感想をいただきました。

それを受けて、私はみなさんが本当に自分を向上させたいという気持ちを抱いていることを感じました。しかし、気になることもありました。より自分を高めたいという意志は素晴らしいものなのですが、どうも何か、安易な近道を求めている方が、思いのほか多い印象を持ちました。

つまり、基礎の部分が固まっていないままに、高度なビジネススキルに飛びついているのではないかという疑問を感じたのです。

これは、危ないことです。基礎がしっかりしていないと、その上に何を立てても、グラついたものになってしまうからです。

では、基礎とは何でしょうか?

私は今一度、すべてのビジネスに通用する基礎とは、どんなものなのかを考えてみました。ビジネスの基礎は新入社員のときに教えられます。しかし、実際にそれらを本格的に活用するのは、入社2年目以降です。そして、入社2年目に求められることが、その後も仕事をする限り、ずっと求められ続けることであると再認識しました。

そこで、本書では、入社2年目に身につけておかなければならない社会人のベースとなるビジネススキルや姿勢をもう一度、再確認するためのインバスケットを用意しました。その上で、5年後のあなたを疑似体験していただくインバスケットも用意しました。

一生ものの〝インバスケット思考〟を段階的にゲーム感覚で、マスターできるようにしてあります。

はじめてインバスケットに触れられる方も、すでにインバスケットを体験されている方も、本書で、今までの仕事の進め方、考え方をいったん見直して、もう一度基礎の部分から積み上げていただきたいと思います。

本書の構成は、日本古来の学習方法、「守破離」にならっています。つまり、「守」では教えられたことを守り、「破」で身につけた教えを一歩進め、「離」で独自のものを創り上げるという順序です。

この本が、入社2年目の方だけではなく、学ぶ機会を逃した全ての方に対して、気づきの書となることを心から望んでいます。

※本書で使用しているインバスケットは、管理職登用試験などで利用されているインバスケット手法を著者が独自に改変したものです。管理職登用試験向けのトレーニングを希望される場合は、インバスケット研究所の個人向け情報サイト「インバス！」をご覧ください。

目　次

入社2年目のインバスケット思考

目次

はじめに……001

第一章　入社2年目からインバスケット思考が必要な理由

インバスケットの効果……012
入社2年目は熱意がなくなるとき……016
入社2年目は人生が変わるポイント……019
ビジネス風「守破離」をしよう……022
あなたのインバスケット思考度チェック……025

第二章　入社2年目のインバスケット「守破離の守」

インバスケットのルール …… 032
本書のルール …… 034
ストーリー① 南国の研修センター …… 035
ストーリー② 謎の研修 …… 039
入社2年目のインバスケット問題 …… 046
入社2年目のインバスケット問題（解説） …… 063
案件1「言った通りできてないじゃないか！」 …… 064
案件2「驚くようなコピー頼むよ！」 …… 070
案件3「実は……無くしました」 …… 077
案件4「聞いてないぞ、その話」 …… 084
案件5「ゴーグル買ってこい！」 …… 090
案件6「皆の意見が聞きたい！」 …… 096

案件7 「これでいいでしょ？　キャッチコピー」 102
案件8 「君、中国語得意だったよな」 108
案件9 「勝手に変えたわね！」 114
案件10 「取引先からのプレゼント」 120
案件11 「くれぐれも忘れないように……」 126
案件12 「お弁当増やしてください」 132
案件13 「できるやつに学んでこい！」 139
案件14 「夜まで待っても来なかったのですが……」 145
案件15 「なんとかしてくれ、コピー機を」 152

第三章　今から5年後のインバスケット「守破離の破」

ストーリー　台風の中で 162
今から5年後のインバスケット問題 173

今から5年後のインバスケット問題（解説） 192
1つ目の判断 193
「臨時便の要請」 198
2つ目の判断 199
「非常食の配布」／3つ目の判断 203
「どちらを搭乗させるか」 208
判断のその後 210
それから 216
沖からの最後のフィードバック 220
フィードバック後の4人 231

第四章　5年先の自分軸を創り上げる「守破離の離」

自分のインバスケット思考を身につける 240

上司の行動を観察する 243
インバスケット思考を最大限に活用するには 246
定期的に自分に何が足りないかを確認する 248
必ず良い成果を出す「インバスケット思考」 251

おわりに 254

ブックデザイン　水戸部 功
DTP・図版作成　NOAH
校正　小倉優子

本書に登場する人物・企業・団体等は全て架空のものです。

本書の内容を参考に運用された結果の影響については責任を負いかねます。あらかじめご了承ください。

第一章

入社2年目から
インバスケット思考が
必要な理由

インバスケットの効果

本書は、インバスケットによって、入社2年目から求められる、一生使える仕事の基礎をゲームをしながら、マスターしていただくことを主な目的としています。

そこで、すでにご存じの方もいらっしゃるかもしれませんが、今一度、インバスケットとは何かをご紹介したいと思います。

「はじめに」でも、ご説明しましたが、インバスケットという言葉自体は、直訳すれば「未処理箱」という意味です。そして、インバスケットとは、架空の立場になって、制限時間内に、より精度高く、案件処理を行うゲームのことです。

そのルーツは、1950年代にアメリカ空軍の教育機関で、訓練の結果測定のために開発されたものだと言われています。つまり、習得された知識が、戦場で活用できるかをシミュレーションするものです。

それが、管理者、リーダーの教育ツールとして、一流企業で活用されるようになりました。この数年では、官公庁や中小企業でも、教育・研修ツールとして活用されています。

今、ビジネスパーソンに最も注目されているトレーニング・ツールと言っても良いのではな

インバスケットとは

架空の立場になって、制限時間内に、より精度高く、案件処理を行うゲーム

ルーツは、アメリカ空軍から生まれた、習得された知識が戦場で活用できるかをシミュレーションするもの

一流企業にはじまり、官公庁や中小企業でも、登用試験や教育・研修ツールとして、活用されている

いでしょうか。

さて、このインバスケットには、さまざまなメリットがありますが、ここでは主な3つをご紹介したいと思います。

まず、判断スタイルを客観的に見つめ直すことができる点です。問題に設定された制約のもとで、案件処理を行った結果を分析することで、判断スタイルが見えるのです。この自分の判断スタイルを客観的に見つめ直すことは、仕事の精度を上げていくうえで、非常に大事なことです。

次に、潜在能力が引き出されることです。私はこれを「火事場のバカ力」呼んでいますが、つまり、問題に設定された厳しい環境（火事場）が、あなたの本来持っている力をしっかりと発揮させるのです。この力を日々の仕事にも発揮できるようにすることが、インバスケットの狙いの1つでもあります。

3つ目は、パフォーマンスのアップです。総合的な仕事力が高まり、さまざまな効果が表れます。

例えば、

・時間に余裕が生まれる

本来やらなければならない仕事とそうでない仕事の見分けがつき、優先順位をつけることができるようになります。その結果、時間に余裕が生まれます。

・うまく部下や組織を活用できるようになる

インバスケットでは、自分で案件を処理できない設定がされているので、部下や組織を活用する力が劇的にアップします。

・問題解決力が身につき、判断に自信がつく

絶対的な正解がないのがインバスケットです。論理的な判断スタイルでプロセスを重視して、案件処理を行います。そのため、全体的な視点から、本質的な問題解決を行うようになります。結果として、根拠のある判断を下すことが習慣化され、判断に自信が持てるようになるのです。

インバスケットでは、主にこれらの効果が得られます。

では、これからは、このインバスケットから得られる〝インバスケット思考〟をなぜ「入社2年目」からでも、身につけた方がよいのか、入社2年目以降の重要性に触れつつ、ご説明していきます。

インバスケットの特長

判断スタイルを客観的に見つめ直すことができる

潜在能力が引き出される

パフォーマンスがアップする（さまざまな力がつく）

▼

インバスケットの効果

時間に余裕が生まれる

部下や組織を活用する力がつく

問題解決力が身につく

自分の判断に自信がつく

入社2年目は熱意がなくなるとき

みなさんは、「入社2年目」に対して、どのようなイメージを持っているでしょうか？

必要な知識を習得し、周りから徐々に信頼を得ることができ、これから戦力と期待される時期。このようなイメージを持っている方も多いかと思います。

しかし、これは外から見た入社2年目で、実際に入社2年目を迎えた方の多くは、複雑な心境なのではないでしょうか。

新しく入ってきた入社1年目の社員を見て〝ハッ〟と思うのです。

自分たちがこの1年間で失くしたものが多いことを。

新鮮さや周りからの注目もなくなっています。

そして、一番失くしたと感じるのが「熱意」です。

大手自動車メーカーの調べでは、入社2年目の社員に、仕事に対する熱意についてアンケートを取ると、なんと全体の約1／3が熱意を失くしているという驚きの結果が出ています。

この現象はこの企業だけの問題ではありません。

大手旅行会社の調査でも、やはり入社2年目を迎えると、熱意を失う社員が増えるという結果が出ています。

言いかえると、入社2年目以降であれば、仕事に対する熱意がなくなってきたと思っていても、なんら不思議な現象ではありません。それは多くの方が感じていることなので、悩む必要はないのです。

むしろ、今の気持ち、つまり仕事に対して熱意がなくなっているということを正直に受け入れることが必要なのです。

どうして受け入れる必要があるのかと言うと、この気持ちに気づかないと、これからのあなたの仕事人生は〝ただ日々の仕事をこなしていく〟つまらないものになるからです。

それは、疑似科学的な作り話ですが、蛙が徐々に熱されている鍋に入っている状態に似ており、その作り話の結末はご存じのとおりです。

失っているものに気がつかないと、取り戻すこともできません。

一度失くした熱意は、残念ながら取り戻すことはできませんが、新たな熱意を作りだすことはできます。

しかも、その熱意はあなたの中にすでに用意されているのです。

後はあなたがその熱意に気がつくかどうか次第なのです。

ロケットを想像してください。

地上を全て煙で覆うような力強い噴射で、勢いよく地上から放たれ、そして段階的にブースター（主エンジンと同時に動く、補助推進用のエンジンとして用いられるもの）を切り離していきます。そして、広大無限な大宇宙に達します。

あなたは今、1つ目のブースターを切り離す段階に来ているのです。

つまり、2つ目のブースターにタイミング良く切り替えなければなりません。できるだけ早く遠くに達するには、ブースターを切り離し、次のブースターに点火するタイミングが重要です。

次のステップに進むには、それまでに十分な加速をつけておく必要があります。

あなたは、いきなり5年後、10年後に飛躍するのではなく、まずは今習得するべきものをしっかりと、自分のものにしておかなければなりません。

そのため、例えるなら、いきなり5年後のインバスケットを体験したい気持ちを抑えて、今、あなたが身につけるべきスキルや姿勢を確認し、もし、なにか欠けているものがあるのなら、今、身につけなければならないのです。

入社2年目は人生が変わるポイント

少し私自身の経験をご紹介をしたいと思います。

私自身も入社2年目には、仕事に対する熱意を大幅に失っていました。

正直、何のために仕事をしているのかさえ、わからなくなっていた状態です。

私は大学卒業後、当時流通業界の最大手企業に入社しました。

当時の同期入社は約500名で、新入社員研修もさながら学校の修学旅行のようでした。

研修などでは、同期同士で今後の会社をどう変えたいか、何をするべきなのかを熱く語り合ったものです。

研修期間中も、早く職場に出させてくれ、と言わんばかりに仕事に対する熱意は半端ではなかった記憶があります。

そして職場に配属されると、意気揚々と上司や本社にいろんな提案をして、ときには直談判もやりました。今思えば少々無謀なことも平気でやっていましたね。

しかし、入社2年目になると1年前とは明らかに異なる自分に気がつきます。1年前には考えられなかったくらいに、要領よく仕事をこなす自分がいるのです。

自分や部署が楽をするためには、今までのやり方を踏襲することが一番であると考えるようになるのです。

そして、余計なことを提案したり行動したりすることは、仕事を増やしてしまうことと当然のように考える自分がいるのです。

変化が起きるのは、私の内面だけではありません。周りでも続々と同期の退職ラッシュが始まり、あれだけ熱く語った仲間でさえもあっさりと退社してしまうのです。

残った同期の仲間と会っても、1年前の活気や熱意はなく、会社への不平や上司への不満、入社2年目にして昔話が出るようになります。

このまま流されていくのか……。

それも宿命かな。

こう思い始めた日々でしたが、転機がありました。

1995年に発生した阪神大震災です。

この震災の当日、私は大きなゆれで目が覚め、すぐに自宅から勤務していた店舗へバイクを走らせました。

店舗に到着したときには、私と店長しかいませんでした。

交通がマヒして他の社員は出勤できなかったのです。

そのため、否応《いやおう》なく店長の代理としての業務を体験することになったのです。

震災は二度と起きて欲しくない悲惨な災害でしたが、私にとってはこのときに、店長の仕事を垣間見ることになったので、次のブースターに切り替えることができました。

自分が5年後、いや、はるか遠くの仕事を体験することで、次のステップの楽しさ、そして何が必要なのかを知ることができたのです。

これが新たな熱意となりました。

その後、私はさまざまな経験を会社で積み、次のブースターに切り替えていったのです。そして、夢であった会社を設立して、こうして書籍を出すこともできました。あなたとの接点を持つことができたのも、あのときの経験があったからこそです。

私にとって入社2年目は、最初のブースターの切り離しのタイミングでありました。もし、この機会を逃していたら、その後の成長角度は低いままで、人生もまったく別のものになったでしょう。

もちろん、そのタイミングが入社2年目ではなく3年目、5年目の方、いや、それ以降の方もいるでしょう。肝心なのは自分のブースター切り離しのタイミングを見誤らないことです。もしかすると、そのタイミングが訪れない方もいるかもしれません。

そのような方は本書で、今何をするべきで、5年後はどうするべきなのかをぜひ体験してください。そして、あなたのブースター切り離しのタイミングをはかる羅針盤として、本書を活用していただければと願っております。

ビジネス風「守破離」をしよう

前著『究極の判断力を身につけるインバスケット思考』の発刊間もなくして、多くの読者の方から、どのようにしたら高度なインバスケット思考が身につけられるのか、というご質問をいただきました。

中には、昇格試験のインバスケット・テストを最短で合格するにはどのようにすれば良いのか、というご質問もありました。

ありがたいご質問の反面、あまりにも近道を求められる方が、非常に多くいるのに戸惑ったこともありました。

なぜなら、私は何事も基本なしで成り立つものはないと考えているからです。

インバスケット思考も同じで基本となる人間性やビジネススキル、姿勢や価値観が間違っていたり足りなかったりすると、必ず越えられない障害にぶつかります。

とくに入社年数が2年目近辺にして、ともかく先に進もうと、ベースも足りないままに経営思考や高度なビジネススキルを身につけたいと思われている方が、多いことに危惧さえ感じています。

先日も、20代の青年が友人の紹介で弊社に来られました。

会社を設立したいので、話を聞かせて欲しいとのことでしたが、会話の途中でスマートフォンを何度か見たり、離席せずに電話を受けたりと、まるでビジネスマナーがなっていません。

何かをしようという熱意は評価できるのですが、私としては経営思考よりも、もっと基礎を学ぶべきだと、彼には苦言を言い渡しました。

これは入社2年目の方だけに言えることではなく、入社5年目や現職の管理職の方にも言えることで、この後の2章のビジネスの基礎のインバスケットをやってもらえば、必ず〝ハッ〟とすることがあるはずです。

その気づきがあったのであれば、今からでも遅くはありません。その基礎部分を補強するべきです。その部分は、今まであなたにとって大きな損失の要因となっており、あなたの失敗の原因のほとんどには、これらの要素が含まれているはずです。

もし、基礎部分の欠落に気がつかないと、これから先もその欠落は、あなたにとってマイナスの要因を大量に生み出す結果になるのです。

日本に古来よりある「守破離」という学習法も段階を設けたものになっています。

これは武道や華道などの世界で使われる学習法で、現代風に言い換えると、

守＝型をつくる

破＝自分風にアレンジする

離＝独自の方法を確立する
と言えるでしょう。

ビジネスにおいては守破離の「守」とは、ビジネスに必要な基礎的な能力や姿勢を身につける段階を指します。

そして守破離の「破」は、「守」で身につけるべきものを完全に習得した前提で、習得した知識やスキルを自分風にアレンジしていく段階です。

最後の守破離の「離」は、自分風のビジネス手法を確立して〝ぶれ〟のない形にする段階です。

この守破離の考え方が一番早く、そして効率的にインバスケット思考を身につける方法だと私は信じています。

したがって、本書もこの守破離の形でインバスケット思考を体得していただこうと思っています。

あなたのインバスケット思考度チェック

本書であなたに身につけていただきたい考え方「インバスケット思考」について、もう一度おさらいをしましょう。

インバスケット思考とは、

「限られた時間内に、より多くの案件をより正しい方法で判断し、処理する思考法」です。

特徴としては、

1. 優先順位を設定する
2. 判断までのプロセスを重視する
3. 問題を放置しない

といった要素が挙げられます。

1つ目の特徴、「優先順位を設定する」についてですが、これはインバスケットが時間制限の中で行われるものだからこそ、とても重要な考え方です。

例えば、前著の『究極の判断力を身につけるインバスケット思考』では60分で20案件処理しなければならない問題を紹介しました。

多くの方が、

「本当に60分で20案件なんて処理できるの？」

と感じられたはずです。

もちろん、20もの案件を完璧に処理するのには無理があります。

これは、あなたの日々の仕事と同じで、全ての仕事を完璧にこなしたいけれども、時間の制限があってできないのと同じです。

そこで、どの案件から処理するべきかを決める「優先順位設定」をする必要があるのです。

つまり、案件を取捨選択するわけです。

2つ目の特徴は、プロセスを重視するということです。

インバスケット思考では結果はもちろんですが、判断や行動に至るプロセスを重視します。

例えば、出張先で飛行機が台風の影響で欠航になる可能性があるとします。

こういうケースでは、「よし、飛行機が駄目なら新幹線で帰ろう」という結論を出すことが多いかと思います。これも1つの問題解決です。

インバスケット思考においては、このケースを、
・問題発見　（飛行機が欠航する）
・仮説　（本当に飛行機が欠航するのか）
・情報収集　（飛行機の状況を航空会社に確認する）

・対策立案（飛行機で帰るべきか、新幹線で帰るべきかを比較する）
・調整活動（会社や家族に連絡をする）
・意思決定（新幹線で帰る）

のようにプロセスをふまえて、解決します。同じ新幹線で帰るという結論でも、そこに至るまでのプロセスを観察すると、どの部分にヌケやモレがあるのかがわります。

良い判断を下すためには、プロセスのヌケやモレをなくすことが必要なのです。

時間の制限があると、多くの方は判断への近道を探して、プロセスを省いてしまいます。その場合の多くは、今までやっていた方法を用いたり、とっさに考えたものを良い判断と信じたりします。そして、後で冷静に振り返ると、なぜこんな判断をしたのだろうと後悔することがよくあるはずです。

時間がないときこそ、プロセスを重視するインバスケット思考が大切なのです。

３つ目の特徴は、問題を放置しないということです。

問題を発見する力は、本来誰しもが持っているものです。

例えば、あなたが新入社員として、職場に配属されると、先輩が行っている仕事の進め方について、さまざまな疑問や改善点を見つけるでしょう。

これが問題を発見する力です。

しかし、「入社2年目」以降では、どうでしょうか。

同じ視点で、問題を発見することができなくなっているのではないでしょうか。

というより、問題を発見しても、それを改善しようとすると仕事が増えるということで、無理やり見ないようにしている方も、中にはいるかもしれません。

あなたにも、どこかしら心当たりがあるはずです。

「気になるが、これは大きな問題ではない」

「今、気にすることではない」

「自分がするべきことではない」

このように、せっかく改善できるはずの問題点をそのままにしてしまうのです。

また、「入社2年目」以降になり、仕事に慣れてくると、確認を怠る傾向も出てきます。

例えば、上司から指示を受けて作った報告書を提出する際に、

「もう一度見直した方がいいような気がする……」

と思って、もう一度チェックすると、どこかにミスがあったりするものです。

しかし、〝杞憂かな〟と思うと、確認という作業をしなくなります。これでもし、ミスがあった際には、後になって大きな問題となり、数倍の作業として返ってくることになります。

インバスケット思考では、問題を発見したら、後にそれが大きな問題に発展しそうな可能性があれば、放置せずに処理をします。たとえそれが緊急を要するものでなくてもです。むしろ、「緊急ではないが、重要な問題」というものこそ、意識していないと放置してしまいがちなの

で、注意を要します。

以上のような特徴を持つインバスケット思考は、できるだけ早い時期に身につけておくべきものです。

なぜなら、この思考法は、全ての案件処理に通じる普遍的なものだからです。

このインバスケット思考を身につけておくかどうかによって、その後の仕事の成果に大きな差が生まれるはずです。

では、二章で実際のインバスケットにふれていただく前に、今のあなたにどれだけのインバスケット思考があるのかを、少し確認してみましょう。

あなたがそう思う、または経験があるという項目にチェックを付けてください。

□　いつも忙しくて、もっと時間があればいいのにと思う。
□　君は本質をわかっていない、と上司に指摘されたことがある。
□　後になって、「やはりそれが原因だったか」と感じたことがある。
□　情報は、多ければ多いほど、案件処理に役立つと思う。
□　「あと一息」と思っているところで、想定外の障害が発生したことがある。
□　とにかく無理があったとしても、言われた仕事は一つ残らずやり切る。

□ 仕事の価値は結果を出すことだと思う。
□ 段取りが悪いとよく言われる。
□ 衝動買いをよくする。
□ 行列を見ると並びたくなる。
□ 今日は1ドル何円になっているか、見当がつかない。
□ 戦略と戦術の違いをはっきり言えない。
□ 自分は要領が悪い方だと思う。

いかがだったでしょうか。

該当する項目が多ければ多いほど、あなたはインバスケット思考ではなく非インバスケット思考です。

どうして非インバスケット思考なのかは、本書を守破離の学び方で読みとおしていけば、きっとわかるはずです。

それでは、まず守破離の守のステージから進めて行きましょう。

第二章

入社2年目のインバスケット「守破離の守」

インバスケットのルール

ゲームを楽しむにはルールがあります。
ここでインバスケットのルールをご説明します。

1．主人公になりきる

年齢や性別などの設定に実際との差があっても、あなた自身が主人公になりきって、起きる全ての案件を処理しなければなりません。客観的に観察、あるいは他人事のようにとらえてはいけません。また、あなたが今現在勤めている会社のやり方やルールは、頭から消しましょう。ゼロベースで主人公の立場になり、案件処理を行わなければなりません。

2．時間を意識する

2章の問題は、30分間で15案件処理する設定となっています。つまり、1つの案件には2分程度の時間しか、かけることができません。しかし、例えばあまり重要でない案件は1分ほどで早く処理し、重要な案件には5分かけるなどの時間のコントロールは許されます。つまり、

30分の中で、あなたなりに案件に優先順位をつけて処理を行うことができるのです。

3. 自分自身の実力で考える

案件ごとに、登場人物の考え方や解説、アドバイスがついていますが、まずはあなた自身ならどのように判断し、どう行動をするのかを書き出してみてください。その上で、選択肢から一番近いものを選びましょう。解説やアドバイスを先に読んでも、あなたにとってあまり良い効果はありません。

4. 絶対的な正解がないことを理解する

先に書いたように、インバスケットには絶対的な正解が存在しません。選択肢や解説にも、絶対的な正解はありません。インバスケットでは案件処理をする人間の数だけ、回答が存在します。大事なのはあなた自身の判断や行動を、解説などと比較して、どの点で違うのかを理解することです。そして気づいた点であなたが変えたほうが良いと感じた部分を修正し、あなた自身の案件処理方法、インバスケット思考を身につけてください。

※なお、楽しみながらインバスケットを体験していただくために、本書の掲載内容は、企業などで実際に活用されているインバスケット問題の進め方や回答方式、評価項目を変えています。

本書のルール

本書では1つの案件に対して、主人公の「坂本直人」に加え、「北川雄大」「清水早紀」「三条かおり」の合計4名の考えが選択肢として出てきますが、あなたはすぐにそれを選ぶのではなく、まず自分ならどのように判断し、行動するかを考えてから、4人の考えと一番近いものを選んでください。

指導役の「沖健次」が4人に対してフィードバックを行いますが、その考え方とあなたの考え方の違いも比較してみましょう。

インバスケットには正解が存在しません。大事なのはあなた自身の考え方と他の人の考え方の違いに気づくことなのです。

その違いこそが思考の癖《くせ》であり、自分の癖を客観的に見ることによって、どの部分にヌケやモレがあるかを見つけることができるのです。

では早速ストーリーに進んで行きましょう。

※まだ時間計測は必要ありません。
※ストーリー中に出てくる個人名や企業名などの固有名詞は全て架空のものです。

ストーリー①　南国の研修センター

直人は、自社の飛行機に搭乗し、日本の遥か南西にある離島の「与平名島」に向かっている。窓越しの眼下には真っ白な雲海が果てしなく広がっており、まるで氷山の海を進む船に乗っているような錯覚に陥るほどだ。

直人の搭乗している飛行機は、ジャンボ機ではなく、双発ターボプロップ旅客機といわれる両翼に大きなプロペラのついた小型機である。

乗客は約40名、直人の勤める南国航空で一番活躍している飛行機である。

今日のフライトは、観光シーズンということもあり、どの便もほぼ満席。

直人の周りは、マリンスポーツを与平名島で楽しむカップルや、海水浴を楽しむ家族連れでにぎやかである。

しかし直人だけは、決して楽しそうな雰囲気ではなく、機内でやや浮いた存在であった。それは直人自身も感じていた。

直人は本名、坂本直人。

昨年、南国航空に入社した「入社2年目」の社員である。

南国航空の東京支店営業課に新入社員として配属されて、同じ部署で2年目を迎えることになった。

約1年前も、与平名島にある南国航空の社員研修センターに、同じ機種で向かっていたことを思い起こしていた。

憧れの航空業界に入り、それこそ天にでも登るような気持ちで、この飛行機に乗ったことを直人は忘れない。大空を舞台に活躍できるという果てしないまでの期待感と、初めての仕事に対する緊張感が交錯した高揚感で一杯だった。

とにかく新入社員のレッテルをすぐにでも外して、一人前の南国航空の社員になることが直人の目標で、そのために会社が新入社員向けに用意したさまざまな研修の内容を、まるでスポンジが水を吸い取るかのように、自分のものにしようと必死だった。

「早く研修センターに行って、そして現場に出たい」と自信にあふれていた。

マリンレジャーを楽しむ人々とは目的は違うものの、同じような雰囲気で搭乗していた1年前を直人は懐かしく思った。

それに比べ今はどうだろう。

新入社員のラベルは1年経つと否応なく剝奪される、そして新しく入ってきた社員へと渡される。入社2年目となった社員は、成長してようが成長していまいが、一応、一人前として扱われる。

直人にとっては、新入社員という保育器から、突然放り出されて、軽いショックをうけた状態だった。

　直人の周りにも大きな変化があり、先日も今回の研修の件で、仲の良い同期に電話したところ、申し訳なさそうに、

「坂本……悪いけど俺、会社辞めたんだよ」

と告げられた。

　直人はどう答えたら良いのか迷った。

「どうして？」

と聞かなくても理由はなんとなくわかったからだ。

同期入社の72名のうち、29名が退職したという噂を聞いた。

直人自身も、辞めるなら早い方が良いとは思っている。

事実、外から見ると華々しい航空業界も、角度を変えて見ると全てが華々しいわけではなく、直人が行っている営業という仕事も、直人自身は地味な仕事であると感じていた。

旅行代理店や親会社のワールド航空を定期的に訪問する毎日。

価格の交渉権も新しい企画の提案も直人の権限外で、相手の要望を聞いて本社の企画部門と調整をするのが主な仕事である。

　直人にとって苦痛なのは、代理店などからの座席確保の無理な要請である。最も嫌なのが、代理店から売れ残った座席をなかば当たり前のように返され、それを上司に報告すると、なぜ

そのようなことが起きたのかと叱責を受けることである。

直人が学生時代に学んだ経営理論などはまったく役に立たず、自分は学生時代、何のために熱心に論議をしていたのかと、虚無を感じたこともしばしばある。

今の自分は、日々トラブルが起きないのを祈ることしかできない。

そう考えると、とてつもなく自分が情けなくなるのだ。

先輩にも何度も相談をしたが、

「なに言ってるの？　こんな楽な仕事ないぞ。なんせノルマがないんだからな。しかも名刺を飲み屋で配れば女の子が寄って来るしね。ハハハ。坂本もあまり深く考えずにどうすれば効率よく仕事ができるかを考えないと駄目だな」

直人はどうせ、良い答えが出ないことは承知で聞きなおした。

「効率良くですか……」

先輩社員は返した。

「坂本はいつまでも新入社員みたいなことを言っているな。できるだけパワーをかけずに、良い結果を出す。これが仕事だ。だから余計な問題を作らない。そんなパワーがあったら報告書だけは完璧に仕上げる。うちの会社の上層部は全て報告書で仕事の出来を判断するからな」

直人は、自分も数年後には同じことを言っているのかと思うと、さらに嫌悪感に襲われ、そんな想像を頭から振り払った。

しかし、一方では、確かに給料も変わらないのなら、先輩社員の言うとおりにすることで楽ができそうだ、と思った自分がいるのも事実である。

直人は飛行機から窓の外を眺めた。

真っ白な世界が広がり、窓には水滴。

どうやら雲の中を飛んでいるらしい。

徐々に降下しているようだ。頭上のシートベルトサインが警告音と同時に点灯した。

一人しかいない客室乗務員が乗客のシートベルトを確認して回っている。

〝今回の研修はなんなのだろう。まあ、つまらない仕事をしているよりはましかな〟

そう思いながら、シートベルトを確認し、眼下に広がる、サンゴ礁に囲まれた島々をぼんやりと眺めた。

ストーリー②　謎の研修

南国航空の与平名島研修センターは、与平名空港より歩いて10分ほどの距離にある。

以前は役員の保養所として使用されていたが、数年前に経営悪化した際に、株主などから非難を受け、急遽、社員の研修センターに改修したらしい。

直人は照りつける日差しを街路樹のヤシの木で防ぎながら、石垣に囲まれた研修センターに到着した。玄関に入ると、保養所時代を思わせる豪華なシャンデリアと色とりどりの熱帯魚の泳ぐ大きな水槽が直人を出迎えた。

「2年次特別研修は3階A会議室」

手書きの張り紙を見ながら、直人は3階に向かう。

〝しかし妙だな、空港でも、研修センターに向かう途中でも誰ひとり、同期に会わないなんて〟

直人は本当に今日が研修当日か気になり、上司から唯一渡されたA4の紙1枚をかばんから取り出し確認した。

〝今日に間違いない。でもなぜ人の気配がないのだろう。いつもなら玄関に人事のスタッフが数人いるはずなのに……〟

そう思いながらエレベーターを降り、会場であるA会議室に向かう。

少し小さな会議室に入ると、一人、紺のスーツを着た女性社員がおり、入ってきた直人のほうを振り向いたが、すぐに持っていた携帯電話に視線を戻した。ネームプレートには、「三条かおり」と記されていた。

直人は彼女の斜め前の席に座った。

会議室の窓からは、ソーダ色の海と奥に広がる青い海のコントラストの中、波しぶきが綺麗なラインを描いているのが見える。

集合時間になる頃に、バタバタと2人の社員が入ってきて、その後に背の高いかりゆしウェアを着た男性と本社の上層部らしきスーツの男性が入室してきた。

かりゆしウェアの教官が教壇に立ち、今回の研修の始まりを告げた。

「みなさん、こんにちは。全員そろっていますね」

〝全員って……4人だけの研修？〟

直人は戸惑った。

ひょっとして選抜されたのかも……。

少し胸がときめいたが、選抜される理由が見当たらず、期待は戸惑いと不安に変わった。

かりゆしウェアの教官が話し始めた。

「では今回の研修について、高岡専務からお話を頂戴いたします。では高岡専務よろしくお願いします」

〝そうか、どこかで見た顔だと思ったら、専務だったんだ〟

高岡は教壇に立ち、少し上目使いでこう切り出した。

「諸君はなぜここに呼ばれたかわかっているか？　どうだ。君」

突然直人に向かって高岡が質問した。

直人はとっさに答えた。

「わ、わかりません……すいません」

これは新入社員のときに習ったことだ。わからないことは素直に答える。

「他に理由がわかるものは」

ある者はうつむき、あるものは軽く首を振る。

誰も答えない様子を見て、高岡は声を荒げながら、こう言い放った。

「そんなことだから、ここに呼ばれているんだ！」

沈黙が会場に広がる。少し間をおいて、その沈黙を割くように高岡が言った。

「君たちは自己評価も他者評価も良くないのでここに集められたのだ」

直人は、もしかしてそうかな、と思っていたが、高岡のストレート過ぎる言葉にショックを受けた。

他のメンバーもかなり落ち込んでいる様子だ。

「自己評価とは、2か月前に君たち自身が行った適性検査の結果だ。そして他者評価とは、会社から見た君たちの実力の発揮度を指す」

と高岡はゆっくりと説明した。

直人は思い出した。そう言えば、2か月前に課長から、これやっておけと言われて渡されたアンケートがあったな。〝確か、自分はこの仕事で実力を発揮していますか？〟とか〝向いてると思いますか？〟などと書かれていたっけ。

正直に書いたのがまずかったと反省しながら〝他者評価〟について思いを巡らせた。

他者評価が、会社の評価だということは直人も知っていた。そして、上司である課長の評価だということも。

先日面接で、「今回は評価が良くないが、2年目はこんなものだ」と励まされたものの、それは慰めであることも直人は知っていた。

おそらく直人だけではなく、他の3人も同じことを考えていたのだろう。

会議室には、劣等感や挫折感、そして会社への憤りと、「不条理ではないか」という不満などさまざまな感情が交錯していた。

その雰囲気は、窓から見える南国のリゾートの風景とはまったく異なり、非常に重苦しいものだ。

高岡も、外に広がるソーダー色の海を見ながら、こう語った。

「諸君は1年前に高い倍率の中、優秀な成績で当社に入ってきた。しかし、1年経った今、君たちは、自分自身でも、そして他者からも実力を十分に発揮できていないと評価されているという現実を受け入れるしかない。そして、この研修で諸君のこの1年を振り返り、何が足りなかったのかをしっかりと見つけて欲しい。諸君に期待している」

そう告げると、高岡は檀上から降りて、かりゆしウェアの教官に2言ほど告げて、退室した。

雰囲気が悪い中、少しやりにくそうに、かりゆしウェアの教官は壇上に上がった。

「えー、改めてみなさんこんにちは。今日からみなさんの2泊3日の研修を担当する沖です。

今回は、みなさんの研修担当教官ですが、実は与平名営業所の所長もやっています。どうぞよろしくお願いします」

沖は場を和まそうと終始笑顔だったが、直人を含む研修生たちの表情が緩む気配はなかった。

「えー、それでは早速ですが、はじめのカリキュラムである、インバスケットをみなさんに挑戦していただきます」

沖は4人に青いファイルを配った。

表紙には英語でＩＮＢＡＳＫＥＴと書いてある。

「今、配ったファイルはまだ開けないように。えー、今からインバスケットの説明をします」

沖が説明を始めようとした瞬間に、轟音が鳴り響き、ビリビリと窓ガラスが振るえた。

どうやら真上を航空機が通過したようだ。直人の机の上のペットボトルの水面も、まださざ波が立っている。

轟音が空港に向かうのを聞き終わってから、沖はインバスケットについての説明を始めた。

沖はインバスケットでは傍観者ではなく、自分が主人公になりきり、単に結果を求めるのではなく、どのようなプロセスで判断に行きついたかを中心に書くこと。そして、周りを気にすることなく、自分が正しいと感じた通りに回答として表現することを直人たちに説明した。

「えー、では10分後にインバスケットを開始する。それまで一時休憩」

直人はミネラルウォーターを買いに自動販売機に向かうと、短髪で大柄の北川雄大と鉢合わせになった。

北川ははにかみながら、直人に話しかけた。

「坂本さんは営業ですか」

直人は北川のネームプレートを見て、整備課であることを知った。

「ええ、東京支店です。北川さんはどちらですか？」

「鹿児島で整備をやっているんです」

などと一言二言かわしながら、２人で研修室に戻った。

「今回はつらそうな研修ですね」

北川は席に座りながら、バツの悪そうな笑顔を見せた。

すると、北川の後ろに座っていた、背の高い清水早紀が話し始めた。

「今回の研修の結果次第では、私たち、子会社のランランフェリーに出向って噂よ。知ってる？」

それを聞いて、直人は顔を歪めた。

〝ランランフェリー？　冗談じゃない。何のために航空業界に入ったのかわからないじゃないか！〟

北川は戸惑いながらも、言葉をこぼした。

「ランランフェリーか、うーん、できれば飛行機の整備のほうがいいなあ。まあ、機械ならなんでも好きだけどね」

各々は複雑な思いを持ちながらも、このインバスケットが人生のターニングポイントになることを自覚していた。

間もなく、教官の沖がミネラルウォーターを片手に教室に入り、腕時計を見ながら、せかすように告げた。

「それでは、みなさんそろいましたので、今から30分間インバスケットを行います」

では、ここからはじまる問題の主人公になりきって、インバスケットに挑戦してください。

入社2年目のインバスケット問題

環境設定

- あなたは南国航空株式会社の販促課の入社2年目社員の奥田佑介です。
- 本日は5月20日で、現在の時刻は午前10時です。
- 昨日あなたは有給休暇をとっていました。
- あなたは、あと30分後に入社2年目研修に出発するために、あなたの机の上に置かれたメモや受信したメールをできるだけ処理しようと考えています。

・あなたの上司を含めた他の社員は、重要な会議中で、1時間ほど部屋から出てきません。
・あなたは上司や先輩社員、そして、後輩に伝言のメモを残していくことができます。

登場人物

・奥田　佑介　あなたです。入社2年目の社員で、販売促進課に配属されています。
・片岡　学　あなたの直属上司で販売促進課の課長です。
・白石　亨　あなたの先輩で入社5年目の社員です。
・富永　啓子　あなたの先輩でプロのコピーライターです。
・安田　博信　販売促進部の部長で片岡課長の上司です。
・道中　明日香　あなたの後輩で新入社員です。あなたは教育係に任命されています。

※本問題は、入社2年目に必要だと考えられるスキルや姿勢を問う、インバスケットとして設計されています。本来の管理能力などを評価するインバスケット問題ではありません。

案件 1

mail

差出人	南国航空　販売促進課　白石亨
題名	折り込みビラの件
宛先	南国航空　販売促進課　奥田佑介
CC	
送信日時	5月19日　20:08

奥田くん

白石です。
先日、お願いした折り込みビラの件ですが、刷り上がった内容を確認したところ、直してくれと言った箇所が直っていないようです。

即、対応願います。

※あなたは白石に言われた通りに仕事をしたという前提で対応してください。

案件２

memo

奥田へ

ＯＴＹ印刷に、企画書の８ページの刷り上がりがいつになるのか確認しておいてくれ。
それと、先日頼んだ夏企画の構成案もすぐに出してくれ。
ついでに、その企画の製作費一覧もまとめておいて欲しい。

よろしく。

※夏企画のキャッチコピーできたのか？　くれぐれも斬新で驚くようなコピーを作ってもらえよ。

5月19日　　片岡

案件3

memo

奥田先輩へ

「お詫び」

先輩。ごめんなさい。

先輩から指示を受けて作った、本日期限の課長あての

報告書なのですが……。

頑張って作ったのですが……。

今日、出勤途中に電車に置き忘れてしまいました。

きっともう見つかりません。

どうしましょう。

先輩から課長にうまく謝っていただけないですか。

本当にごめんなさい。

道中 明日香

案件４

mail

差出人	南国航空　販売促進課　片岡課長
題名	企画の進行について
宛先	南国航空　販売促進課　奥田佑介
CC	
送信日時	5月19日　19:52

奥田へ

１か月ほど前に、君に任せた「お子様一人旅企画」の販促計画だが、あの件どうなった？

白石から先日聞いた話だと当初の計画とかなり変更になっているとのことだが？

すぐ現状を報告しろ。

片岡

案件 5

memo

奥田へ

緊急

14 時までに、スポーツ用品店に行って、男性用の

ゴーグルを買ってこい！

よろしく。

5月 20 日　　　片岡

案件6

mail

差出人	南国航空　販売促進課　片岡課長
題名	意見を求む
宛先	販売促進課全員
CC	
送信日時	5月19日　12:42

販促課全員へ

先ほど部長より、春企画「南国で見る桜ツアー」が計画比の60%にも届かないことについて、原因と対策を出すように指示をされた。

ついては当社の販促について意見を聞かせて欲しい。

提出期限：本日中

片岡

案件 7

mail

差出人	富永啓子
題名	［重要］先日の依頼について
宛先	南国航空　販売促進課　奥田佑介
CC	
送信日時	5月20日　7:51

富永です。

夏企画のキャッチを検討しました。

「南国航空　夏ツアー」

で行きます。
これが無難でしょ。
よろしくね。

案件８

mail

差出人	南国航空　販売促進部　安田部長
題名	中国語翻訳について
宛先	南国航空　販売促進課　奥田佑介
CC	
送信日時	5月19日　19:42

奥田君へ

毎日ご苦労様。

君にお願いしたいことがある。

実は中国の取引先から書類が送られてきたのだが、中国語で書いてあって、よくわからない。

君は確か大学で中国語を専攻していたと聞いている。

悪いが翻訳を頼めないか。３００ページあるので、少し大変だと思うがよろしく頼む。

案件9

memo

富永です。

ちょっと奥田君。

子供向け企画のキャッチコピー勝手にあなたが変え

たって本当なの。

私が出したキャッチコピーは

「はじめて行く、子供の一人旅」

なのに、今日の見本を見ると

「はじめていくお子様の一人旅」

になっているじゃない。

これってどういうこと？

※あなたは自分の判断で少し手を加えたという前提で処理をしてください。

案件 10

本とともに置いているmemo

奥田へ

先ほど、ミナト旅行社の大室部長が来社され、奥田へこの本を一冊渡して欲しいと言われた。

気に入られたらしいな。

すぐにお礼の連絡をしておけよ。

5月20日　　　白石より

案件 11

mail

差出人	人事部教育係　戸田係長
題名	研修持参物について
宛先	南国航空　販売促進課　奥田佑介
CC	
送信日時	5月19日　19:34

入社2年目研修参加者各位

人事部教育係の戸田です。
5月20日実施の入社2年目研修ですが、先に連絡していた通り、以下の提出物を必ず持参してください。

・入社1年目の振り返り評価シート
（上司記入欄は、必ず上司に記入してもらってください。また上司の職印もお願いします）

問い合わせが多いので、念のために連絡いたします。

人事部教育係　戸田

※あなたはこの評価シートの提出があるのを、今思い出したという前提で処理してください。

案件 12

mail

差出人	営業企画課　徳田
題名	［重要］本日の会議について
宛先	南国航空　販売促進課　奥田佑介
CC	
送信日時	5月20日　7:49

販促課　奥田さま

本日12時からの7月度販売促進会議の件ですが、急遽参加者が14名から20名に増えましたので、お弁当の手配の変更よろしくお願いします。

いつもお手間を取らせますがどうぞよろしくお願いします。

あわせて、議題に「TOP航空の羽田からの鹿児島日帰りツアーヒットの検証」を専務より追加するように指示を受けております。
販促課課長様にご連絡お願いします。

営業企画課　徳田

案件 13

mail

差出人	南国航空　販売促進課　白石亨
題名	社長表彰について
宛先	南国航空　販売促進課　奥田佑介
CC	
送信日時	5月20日　08:09

奥田へ

商品企画課の北野くんが今度、社長表彰を受けるらしい。
確か君と同期だったよな。

北野君は上司からはもちろん、周りからも段取りが良いということで評判がすこぶる良い。

君も着実に仕事をこなしてくれているが、段取りという点では彼から学べることもあるんじゃないかな。

一度話を聞いてみてはどうだろう。

片岡

案件 14

mail

差出人	高松支店　販売促進課　柳沢課長
題名	ビラ未着の件、確認願います
宛先	南国航空　販売促進課　奥田佑介
CC	
送信日時	5月19日　23:01

販売促進課　奥田殿　道中殿

いつもお世話になっております。
先日、手配をお願いしました、カード入会促進ビラですがまだ届いておりません。

昨日中に届くということでしたので、夜まで待っていたのですが、どうなっているのでしょうか。

ご確認お願いします。

高松支店　柳沢

奥田先輩へ　　5月20日

すみません。発送忘れていました。
本日発送しますので、明後日到着です。
ごめんなさい。

道中

案件 15

mail

差出人	南国航空　販売促進課　片岡課長
題名	連絡事項
宛先	南国航空　販売促進課　奥田佑介
CC	
送信日時	5 月 20 日　8:25

奥田へ

コピー機が故障しているので、至急業者に連絡してくれ。

修理ができたら、12 時からの販促会議に必要な添付の資料をカラーで 14 部コピーしておいてくれ。

よろしく。

※あと、私宛の報告書がコピー機に置かれたままになっていた。書類管理は厳重に実施するように。

入社2年目のインバスケット問題（解説）

ここから、入社2年目のインバスケット問題の解説に入ります。

それぞれの案件についてのあなたの回答と4人の考えを比較し、その後のフィードバックを読んでみてください。自分の判断スタイルを見直し、改めるべきだと思った点は改めましょう。

それぞれの案件の解説の最後にある「入社2年目」のノートには、ポイントがまとめられています。

案件 1

言った通りできてないじゃないか!

mail

差出人	南国航空　販売促進課　白石亨
題名	折り込みビラの件
宛先	南国航空　販売促進課　奥田佑介
CC	
送信日時	5月19日　20:08

奥田くん

白石です。
先日、お願いした折り込みビラの件ですが、刷り上がった内容を確認したところ、直してくれと言った箇所が直っていないようです。

即、対応願います。

※あなたは白石に言われた通りに仕事をしたという前提で対応してください。

あなたならどのような判断をしますか？

坂本直人の考え

〈白石に返信〉

先輩に言われた通りにしたのですが……。それに、今から修正と言っても研修に出かけなければならないし……。先輩の方で修正していただけないでしょうか。

北川雄大の考え

〈白石に返信〉

申し訳ありませんでした。私の間違いだと思います。すぐに修正したいのですが、研修に出かけなければなりません。重ねて申し訳ありませんが、修正をお願いできないでしょうか。ご迷惑おかけしまして、大変恐れ入ります。

清水早紀の考え

〈課長に返信〉

白石さんに言われたとおりにしたにも関わらず、私のミスだと言われています。課長から白石先輩にご指導お願いできませんか。納得いきません。

三条かおりの考え

〈白石に返信〉

……わかりました。やり直します。

沖からのフィードバック

「自分が指示通りに行った仕事に対して、正当に評価されないと納得いかないよね。しかし、このようなケースは起こりえることだろうし、そしてこれからも発生するケースだ。もちろん、指示を出した白石さんにも問題はあるかもしれない。しかし、指示命令をする立場の方からの指示に対して批判をしても、問題は解決しないばかりか、自分自身の評価が下がってしまうんだ」

清水が躍起になって口をはさんだ。

「先生、じゃあ、間違っていても誤りを認めて謝罪しろっていうんですか。納得いきません」

沖がなだめるように返す。

「いやいや、嘘をつけというわけではないよ。でも考えてごらん。白石さんも自分がそのような指示を出したと確信している場合は、いつまで経っても水かけ論で案件処理は進まないよ。私なら、自分に誤りがあったと嘘をつくのではなく、相手が求めるような結果が出せなかったことに対してお詫びを言うよ」

清水はまだ納得していない。

「でも、そんなの不条理ではないですか」

沖が諭すように言う。

「清水さんのように仕事の結果に対してのプライドを持つことは大事だと思う。でも、部下の使命は、上司や指示を出した人が働きやすくすること。つまり、相手が求める結果を出すことだ。また、プロとしてのプライドがあるなら、この点にこそ、こだわる必要があるよ」

清水が聞き返す。

「相手が求める結果ですか？」

「そう。自分のプライドを大切にしたいのであれば、相手を攻撃して自分を正当化するよりも、相手がどうしたら満足するのかを考えるのが大事だよ。また、この状況では、自分は今から研修に出るので、この案件を処理できないよね。結果的に先輩にお願いすることになるのだから、目的を達成するためには、先輩にどうすればこの処理をお願いできるかを考える方が優先だと思うよ」

清水は考え込んでいる。

沖は続ける。

「それともう1つ、主人公の奥田君が反省しないとならないことがあるけど、なんだかわかるかな？」

4人は考えて、北川が、沖と目を見合わせるようになった後、自信なさげに言った。

「確認……ですか」

沖は手を打った。

「そう。指示されたときに、その内容について確認をしていたか？　もしくは修正した段階で、直接確認していれば、このような状況でやり直しをすることにはならなかったはずだよね」

するると、清水は質問した。

「お話はわかりましたが、まだ自分の中で葛藤があります。明らかに相手の間違いで譲れないときでも意見は言えないんですか？」

沖は少し間をおいた。

「清水さんは〝YES・BUT法〟って知っているかな。これは相手の言っていることに対して、すぐ反論するのではなく、いったん受け止めて、その上で自分の意見を言うことなんだ」

清水は言う。

「でも、お言葉を返すようですが……」

沖は間に言葉を入れた。

「ほら、否定から入っている。だから清水さんの場合は〝NO・BUT法〟だよね。お言葉は返してはいけない」

他の3人は少し吹き出した。

清水もつられて笑顔になった。

「確かにそうですね、私にはあまり向いていないようですが、これから使っていこうと思います」

直人も以前、取引先に理不尽なことを言われて、ムキになって反論したことがあるが、同行した先輩は違った。いったん相手の話を聞いて、受け止めてから意見していた。YES・BUT法を使うと、すぐに反論するのに比べ、相手に対してかなり異なる効果を与えるのだと理解しながら、研修時に配付された「入社2年目」のノートを広げ、ポイントを記した。

「入社2年目」のノート

北川さんの回答が○

◎上司が自分の仕事に満足しなかったら、その点に対しては「謝る」

◎相手を満足させることが、本当の“仕事に対してのプライド”

◎相手の意見や反論をいったん受け止めてから、自分の意見を述べる（YES・BUT法）

◎お言葉は返さない

案件2

驚くようなコピー頼むよ!

memo

奥田へ

ＯＴＹ印刷に、企画書の８ページの刷り上がりがいつになるのか確認しておいてくれ。
それと、先日頼んだ夏企画の構成案もすぐに出してくれ。
ついでに、その企画の製作費一覧もまとめておいて欲しい。

よろしく。

※夏企画のキャッチコピーできたのか？　くれぐれも斬新で驚くようなコピーを作ってもらえよ。

5月19日　　片岡

あなたならどのような判断をしますか？

坂本直人の考え

〈課長へ返信〉

申し訳ありませんが、全て行うのは不可能です。（今から研修に行くため）戻ってから処理します。どうぞよろしくお願いします。

北川雄大の考え

〈課長へ返信〉

了解です。お任せください。

〈道中へメール〉

悪いが、課長から言われた仕事があるので、順番に片付けるように。よろしく。

清水早紀の考え

とりあえず一番すぐに終わりそうな、ＯＴＹ印刷への確認をし、あとは帰ってから処理をすると判断。

三条かおりの考え

〈課長に返信〉

課長。すいません。どのお仕事からすればよろしいでしょうか。今から研修に行きますので帰ってからできることがあれば、帰ってから処理します。もし、お急ぎの仕事でしたら、道中さんにいつまでにしなければならないのかをお伝えいただいて、ご指示ください。

〈道中さん〉

ごめんなさい。私、今から研修に行くのでこのメールの仕事が道中さんに指示されると思います。課長からどの仕事からするか順番を聞いて処理をお願いします。

沖からのフィードバック

「これだけ一気に指示を出されると、どれから処理すればいいかわからなくなるよね。みんなら、もし今から、問題にあるこれらの仕事に取り掛かれるとすれば、どの仕事から手をつけて行くかな？」

４人はお互いの顔を見合わせている。

清水が先陣を切って意見を述べた。

「まず時間のかからないものから処理します。時間のかかるものは後に回します」

沖は黙っている。

直人が意見を述べた。

「多分、企画の構成案が大事そうなので、それから手をつける方が良いと……」

沖は少し首を振りながら質問した。

「坂本君はどうして、その企画構成案が大事だと思ったの？」

「いや、企画だから一番重要だと……違いましたか？」

沖は言った。

「それは、坂本君が自分で大事だと思っていることで、課長にとっては大事かどうかはわからないよ。それと清水さんの時間のかからないものからするというのも、仕事の順番としては決して良い順番ではないなあ」

北川は自信たっぷりに言った。

「そう、そう、だから俺は順番をつけて処理しろと道中に言ったんだ」

沖はきょとんとしながら、自信たっぷりの北川に告げた。

「えーと、いや、北川君の回答も決して正解ではないと思うよ」

北川は鳩が豆鉄砲を食らったかのような顔をした。

「北川君は、確かに仕事の順番を意識しているけど、この指示を受け取った道中さんはどうすればいいのかな」

北川は腕組みをしながら考えている。

沖は説明を始めた。

「仕事を行う順番を決めるのは、仕事の優先度設定とも言って、どれからするべきかを判断し、順番をつけていくことなんだ。でも、自分でこの優先度設定が付けることができない場合は、指示を出した人間に聞くことが大事なんだよ」

「逆に、後輩などに指示を出す場合も、できれば順番や期限を言ってあげると仕事がしやすくなるよね。みなさんに部下ができたときは、ぜひそうしてあげてください」

沖は教壇に登りなおした。

「仕事の順番は、単純にやりやすさや自分の価値観で決めてはいけない。指示を出した上司の価値観やその目的を確認し、仕事の進め方についてコンセンサスをとることが大事で、結果的にそれが自分にとって、効率的な進め方になるよ」

直人も、朝礼でさまざまな指示を出されて、それについて自分で計画を作って進めていたときのことを思い出した。

そのときは、急に課長が現れて、直人に聞いてきた。

「あの件どうなった？」

「いや、まだ手をつけていませんが急ぎますか？」

と直人は当然のように返した。

すると、課長の顔は紅潮し、

「おまえは仕事の進め方がわかっていない！」

と怒鳴られたのだ。

仕事の進め方は、入社2年目であっても必ず上司に確認をとるべきなんだと、改めて実感しながら、直人はノートに挟んでいたボールペンを使ってノートを広げた。

「入社2年目」のノート

三条さんの回答が○

◎多くの指示が出たときには、どの指示から取りかかるべきかを考える

◎指示を出した人と、自分の仕事の進め方には、かなりギャップがあるという前提に立つ

◎指示を受け取った時点で、指示の期限と重要性を指示者に確認する

◎自分が部下や後輩に対して、一度にたくさんの指示を出す際には、必ず順番を付ける

案件3

実は……なくしました

memo

奥田先輩へ

「お詫び」

先輩。ごめんなさい。

先輩から指示を受けて作った、本日期限の課長あての

報告書なのですが……。

頑張って作ったのですが……。

今日、出勤途中に電車に置き忘れてしまいました。

きっともう見つかりません。

どうしましょう。

先輩から課長にうまく謝っていただけないですか。

本当にごめんなさい。

道中 明日香

あなたならどのような判断をしますか？

坂本直人の考え

〈道中へメール〉

すぐに出勤途中の経路をもう一度、はじめからもれなく確認して探してください。また、どうしてこのようなことになったのかを反省し、今後同じことを繰り返さないためにどうするべきかを聞きますので、まとめておいてください。課長には私から報告しておきますが、探した結果を自分で課長に報告してください。

北川雄大の考え

〈道中へメール〉

自分の失敗は自分で片付ける。これが社会人の掟だ。まったくなっていない！　責任をどうとるのかはっきり示せ！

清水早紀の考え

〈課長へメール〉

道中さんが本日提出するはずの書類を紛失したようです。ご指示をお願いします。

また彼女には責任感が欠如していると思います。私から課長に謝って欲しいなどの発言もあり、課長から厳しくご指導お願いします。

三条かおりの考え

〈道中へメール〉

道中さん。コピー機に道中さんの失くしたと言っている報告書らしきものがあり、課長にわたっているようですので、心配しないでくださいね。

沖からのフィードバック

「この案件は、提出書類がなくなったという問題にばかり、目がいってしまうのだけど、実はもう1つ気をつけなくてはならないことがあるんだ。何かわかるかな？」

　北川が前に乗り出して大きな声で言った。

「この新入社員の態度じゃないですか。まったく責任感が欠如している。本当に俺の後輩だったら、厳しく教育的指導をしてやりますよ！」

　鼻息荒い北川を見ながら、沖はなだめた。

「まあまあ、北川君。落ち着いて。確かに新入社員の道中さんは大きな失敗を犯したのだけど、彼女の責任だけかな？」

　北川は首をかしげながら言った。

「え、他に誰のせいなのですか？」

「責任を感じるべきなのは道中さんの教育係である、みなさんだ。道中さんが失敗したのは、みなさんがしっかりと教育しなかったからということにも取れるよね」

　清水は納得がいかないとばかりに、早口で質問した。

「じゃ、彼女の失敗はすべて自分の失敗になってしまうんですか？　そんなの納得いきません」

沖が少し目を細めて説明する。

「納得いかない気持ちはわかる。でも組織に属している以上は、連帯責任や指導責任など、自分がやっていないことでも、責任を取らなければならないケースがたくさんあるんだ。言いかえれば、君たちの失敗も君たちだけの失敗ではなく、君たちの上司の失敗になるんだよ」

4人がきょとんとしている顔を覗き込むように、沖は続ける。

「だから、このトラブルを解決しようとするときに、自分自身が解決させるのではなく、道中さんにどうすれば解決するか、また、どうしてこのようなことが起きたのかを教えないといけないよ。つまり教育や指導をするべきなんだ」

清水が質問した。

「教育や指導するより、まずは問題を解決する方が先なのでは。それから、教育や指導をすればいいんではないでしょうか？」

「確かに、自分で処理した方が確実で、楽かもしれない。でも、それじゃ道中さんの教育にはならないよ。この状況を絶好の教育の機会だと思うことはできないかな。失敗したときこそ、人は伸びるチャンスなんだ」

沖は少し呼吸を置いてから、直人たちに尋ねた。

「指導にはコーチングとティーチングの方法がある。この違いがわかるかな」

直人は、以前本で読んだことを思い出して答えた。

「えーと、コーチングは答えを教えるのではなく、その人が自ら考えて問題を解決できるような力をつけさせること、ティーチングは問題解決のための答えや知識を教えることだったと思います。あまり自信がありませんが」

直人以外の3人は、少し感嘆の声をあげた。

沖もうれしそうに応じた。

「すごいね。坂本君。概《おおむ》ね正解だよ。では、この場合にはどちらを使うべきだと思う?」

直人は、一般的にコーチングが言葉として注目されているような気がしたので、

「コーチング……ですか?」

と答えた。

それに対し沖は言った。

「コーチングはティーチングより良いと言う方が多いけれども、コーチングは自ら解決することのできる知識やスキルを持っている人を対象にしなければならない。道中さんは新入社員で、どのように対応するべきかという知識やスキルを十分に持っていないと思われるので、コーチングよりもティーチングで〝この場合はこのようにする〟と教えることが必要だね。つまり、状況に応じた使い分けが大事なんだ」

4人は頷く。

清水が三条に向けて質問した。

「三条さんの〝書類は課長に渡っている〟って回答の意味は、どういうこと?」

三条が言葉を探していると、沖が助け船を出した。

「三条さんは、他の案件から解決の糸口を見つけたようだね。素晴らしいよ。この答えは後ほど紹介しようね」

直人も、今年の新入社員に対して教育をどのようにすればよいのか悩んでいたが、少しトンネルの出口を見つけたような感触を持ち、ノートを開いた。

「入社2年目」のノート

自分（直人）の回答が○、一部、三条さんの回答が○

◎組織では、個人の失敗はチームの失敗となる。指導している立場であれば、部下の失敗の責任は、自分が失敗したことと同等に受け取らなければならない

◎部下が失敗したときこそ、絶好の教育の場面である

◎コーチングは万能ではなく、ティーチングが有効なときもある

◎他の案件に解決の糸口がある

案件4

聞いてないぞ、その話

mail

差出人	南国航空　販売促進課　片岡課長
題名	企画の進行について
宛先	南国航空　販売促進課　奥田佑介
CC	
送信日時	5月19日　19:52

奥田へ

1か月ほど前に、君に任せた「お子様一人旅企画」の販促計画だが、
あの件どうなった？
白石から先日聞いた話だと当初の計画とかなり変更になっているとのことだが？
すぐ現状を報告しろ。

片岡

※あなたは課長から任せられた企画を更によくしようと計画を変更して進めているという前提で対応してください。

あなたならどのような判断をしますか？

坂本直人の考え

〈課長へメール〉

申し訳ありません。研修から帰ってきたら、すぐにご報告します。
計画変更も連絡をし忘れていました。もう一度計画のご説明を致します。

北川雄大の考え

〈課長へメール〉

課長。大丈夫です。大船に乗った気でいてください。もし障害が発生したらご報告します。

清水早紀の考え

〈課長へメール〉

お言葉を返すようですが、一度お任せいただいたのなら、できれば口を挟まないでください。必ず成果は出します。もし心配なら私をこの仕事から外していただいても結構です。やり切る自信はあります。

三条かおりの考え

〈課長へメール〉

課長。申し訳ありません。
自分一人では無理みたいです。できればこの企画、先輩にお願いできないでしょうか。
先輩のお手伝いならできると思います。

沖からのフィードバック

「この案件を処理するに当たって、まず考えなければならないことがある。どうして課長は怒っているんだろうね」

すぐに清水が吐き捨てるように言った。

「任せたのに心配になったからじゃないんですか。そんなことなら最初から任せるなんて言わなければいいのに」

沖は同情するように言った。

「確かに任せたと言われたのに、口を挟まれたら嫌な気分になるよね」

清水は背筋をしゃんと伸ばして、誇らしげな顔をした。

「そうですよ。当たり前です」

でも沖はそれに言葉を返した。

「しかし、それは承認された計画通り進んでいる場合の話で、承認された計画から勝手に変更することはルール違反だよ」

清水は反論する。

「任せられたから、自分が計画を決める権利があるのではないですか?」

「勘違いしてはいけない。任せられたのは承認された計画を遂行することだ。だから、計画を変更したり、障害が発生しそうになったりしたときには、上司に報告し、改めて承認してもらう義務があるんだよ。結果を出せばよいというわけではない」

「うーむ。そうだったのか。報告か……」

北川がうなるように声を出した。

「そう。もし計画通りでも、逐次《ちくじ》報告を入れておくと、任せた方も安心だよね。三条さんの意見はどうかな」

沖はなかなか話そうとしない三条に話を振った。

三条はしばらく考えて、目を合わそうとせずに、

「私はできれば、指示された仕事を確実にこなす方が好きですし、もし失敗しても責任なんて取れません」

そうきっぱり言い切ってから、自信なさげに目を合わせた。

沖はそれに対し、言った。

「責任を取ることを怖がるよりも、責任を負うような仕事をもらったことを誇りに思えないかな。責任を負う仕事は信用がないと付いてこない。もし君たちが誰かに仕事をお願いするとしたら、確実性を求めるだろう。信用がない人にはお願いしないよね」

清水が頷きながら話した。

「確かにそうですね。私なら失敗しそうな人に大事な仕事をお願いしないわ。だって失敗した

ら自分の責任になるもの」

「そうだよね。だからこそ、責任のある仕事を頼まれたときは喜ぶべきなんだよ」

と沖が言葉を加えた。

直人は、〝そう言えば、自分にはなかなか責任のある仕事が任せられたことがないな〟と思い返し、沖に質問した。

「あの……責任のある仕事って、どうやったら回ってくるんですか。最初はみんな経験も浅いし、信用なんてないと思うのですが……」

沖は答えた。

「責任のある仕事は、待っていても回ってこないよ。取りに行かなければ。責任のある仕事をもらおうと思うのなら、小さな仕事でも、しっかりと結果を出して信用を積み重ねるべきだよ。ある一定の信用の量がたまると、みんなが君に責任のある仕事を頼むはずだよ。信用を積み重ねるには、どんな小さな仕事やつまらない仕事でも確実にこなすことだよ。良い仕事をすると、信用がたまって少し責任のある仕事が舞い込んでくるよ」

三条がつぶやいた。

「でも責任なんて取れないし……」

沖は案件4についてのフィードバックをこのように締めくくった。

「入社2年目の社員が取れる責任なんて、その仕事を頼んだ上司が取るべき責任に比べると小さいものだよ。責任のある仕事をこなさないと、次のステージは絶対見えてこないよ。そのために、信用を少しずつ積み上げなければならない。注意しなければならないのは、せっかく積み上げた信用も些細な行いで全てなくなってしまうことだね」

直人は、自分の信用はどのくらいあるのかと自問自答しながら、ノートを開いた。

「入社２年目」のノート

自分（直人）の回答が○

◎任せられた仕事で、計画変更が発生した場合は上司に報告する

◎仕事を任せられるということは、次の大きな仕事につながるステップであると考える

◎仕事を任せられるためには、信用を積み上げなければならない

案件 5

ゴーグル買ってこい!

memo

奥田へ

緊急

14時までに、スポーツ用品店に行って、男性用のゴーグルを買ってこい！

よろしく。

5月20日　　片岡

あなたならどのような判断をしますか？

坂本直人の考え

〈課長へメール〉

課長。どのようなサイズのものを買えばよろしいでしょうか。あと、色など……メーカー指定もあれば教えてください。予算申請はどのようにすればよろしいでしょうか。

申し訳ありませんが、今から研修ですので、道中さんか先輩に指示をお願いします。

北川雄大の考え

〈道中にメール〉

この内容よろしく頼む。おそらく課長が水泳するために使うはずなので、ゴーグルよりも水中眼鏡の方がいいと思う。課長は顔が大きいので一番でかいやつを買ってきてくれ。よろしく。

清水早紀の考え

〈道中へメール〉

良くわからないけど、とにかく急ぐようなので、男性用のゴーグルを数種類買ってきて（レシートを必ずもらうこと）、課長に選んでもらってください。そして不要分は返品の手続きをして、そのあとで経費申請してください。

三条かおりの考え

〈道中へメール〉

課長から指示が出ていますので、経理に行って経費申請して、総務で購入手続きをし、その上で申請が通れば購入の手続きをお願いします。

沖からのフィードバック

「えーと、内容を確認すると……。坂本君以外はゴーグルを買いに行くという判断だね。坂本君はどうしてすぐに買いに行く手配をしなかったの？」

直人は自信ありげに答えた。

「情報が少なすぎますし、不要なものを買っても仕方がないですし無駄になりますから」

沖は直人に聞く。

「課長は男性用のゴーグルを買って来て欲しいとメモを残していったんだよね？」

「うーん。でも、今の状態では何を買っていいかわからない……」

沖はさらに直人に問いかけた。

「確かに、情報は不十分かもしれないけど、指示はまず実行することが大事だよ。指示にはいろいろな種類があるのは知っているかな」

直人は考えた。

〝指示に種類がある？〟

沖は続けた。

「指示には、命令や依頼、助言、語りかけなどの種類があり、その内容の緊急度や重要度、そして相手によって使いわけられる」

急に、沖は北川に強い口調で言った。

「北川君、すぐに立て！」

北川は反射的に飛びあがるように立った。

「は、はいっ！」

沖は少し悪びれた様子。

「ごめんごめん、北川君。びっくりしたね。ところで、北川君はどうして私が立てというと立ったの？」

北川は拍子抜けしたように言った。

「え？　試したんですか？　ひっどいなあ。どうしてって、あんなに強い口調で言われると、とにかく立たないと駄目かなと思って……」

「そうだよね。今のが命令」

沖は意図が伝わって、少し満足そうにしている。

直人は〝なるほど〟と思い、このことをノートに書こうとしたところ、沖が言った。

「あ、ここは書かない方がいいと思うよ、坂本君」

「え、書いたらまずいですか？」

沖は、また〝してやったり〟という表情を浮かべた。

「これが助言。坂本君、ごめんね。これはノートに書いておいてくださいね」

直人は一度止めたペンをまた進めた。

沖は直人に謝るように言った。

「今のが依頼。違いがわかったかな？」

直人は自分が使われたことに少し不満げな表情を浮べたが、指示にはいろんな種類があることを知った。

沖がまとめた。

「指示の出し方は、みなさんが部下を持ったとき、大事なことだよ。そして、今みなさんが考えなければならないのは、どのような指示の種類かで、緊急度や重要度を読み取って、とにかくすぐに動くべきなのか、それとも情報を集めてから目的を知って、動くべきなのかを悟ることなんだ」

北川が、直人に悪びれた顔をしながら、沖に向かって発言した。

「失礼ですが、では坂本さん以外の方の回答が正しいということですか」

沖はこう締めくくった。

「えーと、そうとは限らないなあ。ちなみに、北川さんは自分の判断や価値観で勝手に指示を歪めているし、三条さんは指示を早く実施することより手続きを優先しているよね。これは課長の指示をそのまま受けて実行したとは言い難いなあ」

直人は、以前上司に指示の目的を確認した際のこと振り返った。

そのときは、

「そんなことは君が知らなくてもいいんだ、すぐにしろ！」

と叱責を受けたことを思い出しながら、ノートがよく開くように、折り目をつけながら広げた。

「入社2年目」のノート

清水さんの回答が○

◎指示には種類があり、その指示方法から実施の緊急度・重要度を読み取ることができる

◎命令はとにかくすぐ実施する。目的を知りたければ実施後に聞く

◎命令は、自分の主観を入れて勝手に解釈してはいけない

案件 6

皆の意見が聞きたい!

mail

差出人	南国航空　販売促進課　片岡課長
題名	意見を求む
宛先	販売促進課全員
CC	
送信日時	5月19日　12:42

販促課全員へ

先ほど部長より、春企画「南国で見る桜ツアー」が計画比の60%にも届かないことについて、原因と対策を出すように指示をされた。

ついては当社の販促について意見を聞かせて欲しい。

提出期限：本日中

片岡

あなたならどのような判断をしますか？

坂本直人の考え

“自分の立場の意見と言っても大したこと言えないしなあ。つまらないこと言って呆れられるくらいなら、とくに意見はないと言っておこう”

北川雄大の考え

問題ないですよ。

全てが成功するとは限らないし、たまたま失敗をしても、それを踏まえて努力すれば必ず成功しますよ。課長、ファイト！

清水早紀の考え

ライバル社を良く分析し、お客様からの声などの情報を分析しないと……つまりマーケティング不足です。一度コンサルタントや外部の業者を入れて戦略を練り直して見てはどうでしょう。

三条かおりの考え

私がこのように申し上げるのは、おこがましいのですが、少し流行から外れている気がします。なぜ不調なのかは自分自身ではわからないので、友達や同世代の知人などから感想を聞いてみます。あと若者向けの雑誌なども読んでご報告します。

沖からのフィードバック

「この案件では、意見を求められたときに、どのような意見を提供するべきなのか考えてもらいたい。まず考えて欲しいのは、課長がみなさんに何を望んでいるかです」

北川は胸を前のめりにしながら言い切った。

「課長は落ち込んでいるので、励まして欲しいんですよ。絶対に」

清水がそれに反論した。

「北川さん、励まして欲しいなら、部下にはお願いしないと思うわよ。成功する企画を作るには、どうしたら良いのかを教えて欲しかったのよ」

沖は軽く頷きながら、言葉を加えた。

「うんうん、両方とも間違いではないけど、なぜみんなに聞いたのかをもっと考えるべきだね」

三条は、少しそわそわした様子で発言した。

「良くわからないんですけど、入社2年目の私に聞くということは、入社2年目の立場での意見を求めているような気がします」

沖は、軽く手を打った。

「そうだね。マネジメントやマーケティングについての意見など、上位職で出てきそうな意見よりも、このような場合は、みなさんの立場での意見の方が上司としてはありがたいと思うよ」

直人は少し疑問に思ったことを沖に投げかけた。

「でも、入社2年目の立場での意見なんて役に立つんでしょうか、課長はもっと高度な意見を求めているような気がするんですが……」

「なるほど、そう思うのも無理はないと思うけど、例えばこのように考えて見てはどうだろう。部長が新入社員に対して意見を求めたとしたら、部長は彼に経営者視点の意見を求めているのだろうか。そうじゃないだろう。部長にとっては、自分にはない新入社員しか持っていない意見を聞きたかったんじゃないかな」

直人は頷きながらもこう言った。

「そうですね。でも、自分の意見は、ありふれていると思うので参考になるのかどうか自信がないです」

沖は説明するように言った。

「自分が持っている考えは、ありふれていると思っていても、他の人からしたら、凄く貴重な意見だったりもするんだ。坂本君はネットでオークションに出品したことはあるかな。自分にとってはつまらないものだと思って出品したら、びっくりするくらいの価格がついたりすることがあるんだ。だから、自分の中だけで〝きっと役に立たない〟などと決めずに、積極的に自分にしか言えないような意見を出すことが大事だよ」

北川は大きく頷きながら発言した。

「想いを熱く語ればいいわけだな」

沖は少し戸惑いながら言葉を足した。

「北川さん、意見をするときには、もう1つ気を付けなければならないことがあるんだよ、それは論理的に、かつ、できるだけ定量的な意見を出すことだよ」

北川は、目をぱちくりしながらつぶやいた。

「論理的。定量的……？　ですか」

沖が解説する。

「論理的とは、誰にでもわかるように筋道を立てて意見を述べるんだ。例えば、北川さんが私のペンを貸して欲しいと言ったとするよね。そこで私が、貸せないと一言で言っても、なぜ貸せないのかと少し疑問に思うよね。そこでそのあとに、今から自分が使うから等と理由をつけてあげればわかりやすいよね」

「定量的というのは、数量や基準などを入れて意見することなんだ。これも例えると、この企画は他の会社もやっています。と言うより、この企画は○○航空と△△航空が導入しています等と、より具体的に言うことなんだ」

北川は納得し、唸った。

「想いを伝えるのではないのか……」

沖はまとめた。

「想いを聞かれたら、想いを伝えるべきだけど、この場合は入社2年目の立場で、今後の企画立案に対する意見を求められていると思うんだ」

直人は〝意見を求められているときは、相手の立場を考える必要があるんだ〟と新たな発見をしながら、ノートを引きよせて書き記した。

「入社2年目」のノート

三条さんの回答が○

◎意見は、相手からどのようなものを求められているか考えて発言する

◎自分では大したことのない情報だと思っていても、相手にとっては、絶大な価値がある場合がある

◎意見は論理的に、かつ定量的に述べる

案件 7

これでいいでしょ?　キャッチコピー

mail

差出人	富永啓子
題名	[重要] 先日の依頼について
宛先	南国航空　販売促進課　奥田佑介
CC	
送信日時	5月20日　7:51

富永です。

夏企画のキャッチを検討しました。

「南国航空　夏ツアー」

で行きます。
これが無難でしょ。
よろしくね。

あなたならどのような判断をしますか？

坂本直人の考え

〈富永へメール〉

富永さん、さすがにプロの仕事ですね。ありがとうございます。ただ、今回の企画は今までにない斬新な企画を考えていますので、お手数ですが、もう一案斬新なコピーを考えていただけないでしょうか。

北川雄大の考え

〈富永へメール〉

富永さん。オッケーです。
課長に報告します。ありがとうございます。

〈課長へ〉

富永さんの案です。よろしくお願いします。

清水早紀の考え

〈富永へメール〉

富永さん。すいません。そのキャッチコピーは課長の言われているものと違い、使えません。課長はもっと斬新なものを求められていますので、再考をお願いします。

三条かおりの考え

〈課長へメール〉

すいません、課長。富永さんのコピーをいただいたのですが、ご意見がありましたら、富永さんに直接言っていただけませんか。後輩なので言いにくいです。すいません。よろしくお願いします。

沖からのフィードバック

「この案件は、調整をどのようにするのかを考えていきたいね。では、調整の前にゴールはどのようにしたいのかな」

清水が、厳しい口調で言った。

「富永さんのコピーは使えないので、やり直していただくことです」

沖は頷きながら質問した。

「ではどのようにすれば、やり直してくれるかな?」

4人は考え込んだ。

三条が口火を切った。

「富永さんはコピーライターなので、そのコピーを否定すると、仕事を否定してしまうことになるのではないでしょうか」

清水が反論する。

「そんなことないわよ。プロだったら、もっときちんとしたコピーを考えるわよ。職務怠慢か素質がないからじゃないのかしら」

北川が言う。

「いや、俺はあのコピーいいと思うぜ。明確だし、さっぱりしているし」

４人がコピーについて討論し始めたのを見て、沖が間に入った。

「おいおい、ここは夏企画のコピーを考える場ではないよ。どうすれば富永さんが結果を出してくれるかの方法を考える場だよ」

北川が何か浮かんだような顔をして発言した。

「わかった、富永さんを傷つけないためには、課長に折れてもらえばいいんだ」

直人はそれは難しいと考えていると、清水が鋭く切り込んだ。

「上司が、部下のプライドを守るために意見を変えるとは思えないわ」

沖は討議の成り行きを見ながら、口を開いた。

「やはり、富永さんに課長の考えの方向性に沿ったコピーを考えていただく必要がありそうだね」

４人は頷いた。沖は続けた。

「しかし、一方では富永さんはプロのコピーライターとして、このコピーに自信を持っているはず。つまり、自分より技量の高い人の意見や考え方は決して否定しないこと。間違っていたとしても、必ず受け入れる謙虚さを出すべきだと思う。指摘するなどもってのほかだ。その上で結果を修正する方法を考えるのが調整能力の見せどころだ。ちなみに坂本君はどうして、今のコピーを修正せずに、もう一つ作ってもらう方法を取ったの？」

直人は、自分自身でどうしてだろう、と考えながら心に浮かんだことを言葉にした。

「せっかく考えていただいたコピーを否定するのは失礼な気がして……それに個人的には案外わかりやすくていいかな、なんて思ったりして……。で、もう1つ作っていただいて、案を2つ出すと課長はどちらを選ぶのかなと、ふと思いました」

沖はまた手を打った。

「素晴らしい。それなら富永さんも作ってくれるし、課長は2つのコピーから選べるもんね。案は1つではなく、2つ出すほうがスムーズに通りやすいんだよ。素晴らしい調整と対策立案能力だね」

「いやあ、うちの先輩のやり方の受け売りなんですよ」

直人は少し照れながら、ごまかした。

沖はさらに4人に投げかけた。

「ところで、本質的なところを考えると、この案件はどうしてこんな調整が必要になったのかな?」

4人はまた考え込んだ。答えがすぐに出てきそうにないことを悟った沖が自ら述べた。

「こうなってしまったのも、仕事の進め方の方向性が共有されていなかったからなんだ。つまり、事前の段階で斬新な企画にするという方向性がチームのメンバーに共有されていれば、結果が出た後の調整は必要なかったんだよね。調整は結果が出る前と、結果が出た後では、難易度は数倍、いや数十倍、労力も時間もかかるから、企画段階での調整は本当に大事だよね」

直人は、そう言えば取引先に見積もりを出した後で、「思ったのと違う」などとよく言われたケースを思い出して、調整活動や方向性の確認ができていなかったことが原因かもしれないと思いながら、ページを押し上げるようにノートを開いた。

「入社２年目」のノート

自分（直人）の回答が○

◎調整をする前に、どのような結果にしたいかをイメージする

◎自分より技量や経験がある人の仕事を否定しない

◎プロが働きやすい環境を作る

◎企画段階での調整で、その後の調整量が変わる

案件8

君、中国語得意だったよな

mail

差出人	南国航空　販売促進部　安田部長
題名	中国語翻訳について
宛先	南国航空　販売促進課　奥田佑介
CC	
送信日時	5月19日　19:42

奥田君へ

毎日ご苦労様。

君にお願いしたいことがある。

実は中国の取引先から書類が送られてきたのだが、中国語で書いてあって、よくわからない。

君は確か大学で中国語を専攻していたと聞いている。

悪いが翻訳を頼めないか。３００ページあるので、少し大変だと思うがよろしく頼む。

あなたならどのような判断をしますか？

坂本直人の考え

〈安田部長へメール〉

いつまでにすればよろしいでしょうか。実は今から研修に行って参ります。戻ってからでも良ければすぐに取りかかります。

北川雄大の考え

〈安田部長へメール〉

任せてください。しかし、課長の許可をいただきたいのと、今から研修ですので、その件を踏まえて、どれくらいに出来あがるかを研修後にご連絡させていただきます。

清水早紀の考え

〈片岡課長へメール〉

課長、部長から依頼が来ています。これを受けると課長から指示をされた仕事がほとんどできなくなります。課長から部長に断っていただけないでしょうか。よろしくお願いします。

三条かおりの考え

〈安田部長へメール〉

３００ページもだと、かなり時間がかかるので無理です。もっと前に言っていただいていればよかったのですが……今回はご容赦ください。

沖からのフィードバック

「このケースは、上司と上司の間に入ってしまったつらい立場だよね。この案件で注意しなければならないのは、自分より上位職にあたる人が、すべて自分の上司ではないということだ。つまり、自分の上司は誰なのかという点をはっきり考えなければならない」

清水は言った。

「自分の上司は片岡課長だけなので、片岡課長からの指示だけを聞いておくべきです」

直人は反論した。

「いや、片岡課長の上司は安田部長だから、安田部長の指示は、片岡課長の指示と同じじゃないかな。というより、同じどころか上位職だから何より優先的に実行しないとだめだと思うけどね」

沖は4人に問いかけた。

「確かに、どちらも上司で指示を無視するわけにはいかないけど、この場合どの指示を先にするかを判断するのは誰なんだろう」

「…………」

4人は考え込んだ。

沖がフォローするように言った。

「ゴメン、少し難しい言い方だったね。つまり、どの指示を君たちがするべきなのかを決めるのは、君たちではなく、君たちの直属の上司の片岡課長だ。だから、片岡課長以外からの指示などが来れば、片岡課長に報告することが必要なんだ」

三条が上目使いで聞いた。

「断ってはダメですか？」

沖は答えた。

「断る、断らないの判断も君たちが行うべきことではないよ。やはり、君たちの管理者である片岡課長に助言をもらう必要があるよ」

「でも、いちいち直属の上司だからって、全て事前承諾を取るのも現実的ではないと思いますよ。例えば、たまたま部長の席の横を通って、10分くらいの仕事を頼まれても、いったん課長に確認して……なんてことになるじゃないですか」

清水が反論した。

沖は穏やかな口調で応じた。

「そうだね、その場合は事後承諾でもいいと思うよ。でも必ず報告だけは入れておこう。これが直属の上司に対する責任だよ」

清水はまだ食い下がった。

「そのくらいなら報告しなくてもいいと思いますが……」

「それは清水さんがそう思うだけで、例えば、後で片岡課長が部長からこのことを聞いたらどう思うだろうね。あまり良くは思わないと思うよ」

清水を見ながら沖は続けた。

「部長も、課長に〝君の部下の奥田君に少し仕事をお願いしたよ〟と声をかけて、〝えっそうなんですか？　聞いてなかったです〟というような会話になったら、部長は、課長と部下がコミュニケーションを取れているのかな？　と不安になるんじゃないかな」

清水がようやく頷いたのを見ながら沖は言った。

「君たちの勤務時間は、君達自身のものではなく、直属の上司から時間を預かっているという感覚を持つべきなんだ。これは他の人の指示だけではないよ。遅刻や早退なんかはもちろんだけど、少し外出したりする際も報告するのが当然だよ」

目を輝かせながら北川は言った。

「ということは、僕の回答が一番良いということですかっ」

沖は勢いに押されながらも同意した。

「この中では……ね」

大喜びする北川の隣では直人は、そう言えば新入社員の頃は、必ずやっていた出社時の挨拶や、外出時の報告などを最近やっていないなと感じた。

先日も上司が「坂本はどこに行った」と探しまわっていたそうだ。直人は反省しながらノートの次のページにペンを走らせた。

「入社2年目」のノート

北川さんの回答が○

◎自分が直属の上司以外に受けた指示は、直属の上司に報告・相談するべきである

◎直属の上司以外から受けた指示をやるべきかどうかは自分が決めるものではなく、直属の上司に判断を仰ぐべきである

◎ケースによっては事後報告でも良い

◎自分の勤務時間は上司から預かっている時間だととらえるべき

案件 9

勝手に変えたわね!

memo

富永です。

ちょっと奥田君。

子供向け企画のキャッチコピー勝手にあなたが変え

たって本当なの。

私が出したキャッチコピーは

「はじめて行く、子供の一人旅」

なのに、今日の見本を見ると

「はじめていくお子様の一人旅」

になっているじゃない。

これってどういうこと?

※あなたは自分の判断で少し手を加えたという前提で処理をしてください。

あなたならどのような判断をしますか？

坂本直人の考え

〈返信しない〉

うわっまずい。どうしよう。とにかく今すぐに返答するのを避けて、富永さんの怒りがおさまるまで待とう。研修先でお土産など買ってそれでご機嫌をとるか。

北川雄大の考え

〈富永にメール〉

申し訳ございません。自分が手を加えました。全責任は私が取りますのでどうかお許しください。研修から戻って来てから直接、事情を説明に上がりますが、富永さんの仕事を勝手な判断で変えてしまったことをお詫びいたします。

清水早紀の考え

〈片岡にメール〉

富永さんからクレームが来ています。すいませんが課長のお考えを富永さんにご連絡いただけますか。私は、少し手を加えることで、すごく良くなったと思います。後は課長のご判断にお任せします。

三条かおりの考え

〈富永にメール〉

すいませんでした。すぐに富永さんの案に戻します。どうか許してください。

沖からのフィードバック

「あらら、少し険悪なムードになっているようだね。しかし4人とも解決スタイルが異なっているのも面白いね」

清水が少し不機嫌になりながら言った。

「先生、面白がっている場合じゃないですよ」

沖は頭を掻いた。

「ごめんごめん、さて、この案件はどちらのコピーが良いのかという討議ではなく、職域を犯してしまったことへの解決法を探ることが大事だ」

「職域……」

北川が聞き直した。

沖は説明を始めた。

「職域とは、その人の仕事の領域のことなんだ。これは責任区分を明確にするために多くの会社で用意されているよ。多くの方がそんなものがあったんですか？　などと驚かれるけどね。『業務分掌一覧』などの題名で置かれていることがあるね。小さい組織単位ではそこまで明確に文章化されていないけど、チームの中でも役割が決まっているはずだよね」

直人は自分の職場に当てはめた。

〝自分の担当取引先が地域別に決められていて、他の営業担当のところに自分が営業をすることはタブーとされている。なるほど、これが職域なんだな〟

沖はホワイトボードに大きな円を書いて、それに少し重なり合わせるようにもう一つ円を書いた。

「この円が職域だとすると、少し重なり合っている部分があるよね。これが今回の案件なんだ。恐らく問題の主人公は企画を任せられているがゆえに、自分の判断でコピーに手を加えたと思うんだけど、実はこの部署のコピーは、こっちの円、富永さんの職域なんだ。だから本来は手を加えるのではなく、富永さんに前の案件のように調整をするべきだったんだね」

４人とも板書の円をノートに書いている。

「この円が重なっているのは、珍しいことではなく、多くの事柄で常にどこかと重なり合っていると言っていい。だから重要なのはどこが〝主管〟なのかを見抜くことなんだ」

沖の説明に対し、清水が質問した。

「主管って責任部署ってことですか？」

沖がそれに答える。

「そう、その事柄で責任を負うべきなのは誰なのか、そして損失を被るのは誰なのかを考えないとだめだね。今回の場合は主管部署が明らかではないけど、多くの組織では、既存組織とプロジェクト組織（特定の目的のために一定期間、活動する組織）があると、既存組織が主管であることが多いと思う」

　三条が確認するように言った。

「ということはやはり、富永さんの言い分が正しいと言うことですね」

「そうだね、でも、結果と解決の進め方は、別に考えなければならないよ。企画の責任者として、仕事の進め方を謝るのはもちろんだよね。そして、結果については、根拠を明確にして成果が上がるように調整しなければならないね」

　沖の応答に対し、三条は指に髪の毛を巻きつけながら言った。

「また調整ですかあ」

　沖は続ける。

「そう、調整。というか、一度謝って許しを得るしかないね。で、そこで重要なのは手段だよ。良い方向のやり取りならまだしも、この場合、メールでのやり取りはしない方がいいね。メールでの悪いやり取りは、相手の顔が見えないだけに、さらに関係が悪化する恐れがあるから、直接会って謝ろうね」

　直人は、以前取引先に無礼なことをしてしまって、お詫びのメールを送ったのだが、メールの文字に誤字があり、さらに関係が悪化してしまったという経験を思い出した。

「どうしてすぐにお伺いして謝らなかったんだ！」

　そのときに受けた課長の叱責の声が頭に甦った。

「なるほどね、もっと前に教えて欲しかったなあ」と思いながら、直人はノートに目を向けた。

「入社2年目」のノート

北川さんの回答が○

◎判断や行動をするときに、誰かの職域を犯していないかを確認する

◎個々の仕事について、どの部署が主管部署なのかを認識しておく

◎謝罪はメールでしない。基本は直接会って謝罪する

案件10

取引先からのプレゼント

本とともに置いているmemo

奥田へ

先ほど、ミナト旅行社の大室部長が来社され、奥田へ

この本を一冊渡して欲しいと言われた。

気に入られたらしいな。

すぐにお礼の連絡をしておけよ。

5月20日　　　白石より

あなたならどのような判断をしますか？

坂本直人の考え

白石にお礼を伝え、研修に向かう途中にお礼のはがきか手紙を大室部長に宛てて書き、本日中に投函する。

北川雄大の考え

今から直接、ミナト旅行社に伺い、大室部長に直接お礼を言う。それから研修に向かう。

清水早紀の考え

道中にお礼のメールを「自分が研修に出かけるため」ということで書かせて、大室部長に送らせる。

三条かおりの考え

片岡課長に報告して、課長から大室部長にお礼のメールを送ってもらう。

沖からのフィードバック

「今度はうれしい案件だよね。でも、今回も4人ともお礼の方法がちがうようだね」

沖はこう告げて、4人の回答を比べて見た。

「えーと、北川君は……直接お礼を言うかあ」

北川はてっきり正解を紹介されたと思い、自信ありげに頭を掻きながら、他のメンバーに向かって告げた。

「やっぱり、直接会ってお礼を言わないと気持ちが伝わりませんし、先ほど直接会うことの素晴らしさを教えてくれましたよね？」

沖がすかさず、

「でも直接伺って相手がいなかったら？」

と言ったのを聞き、北川は言い返す。

「いや、いると思います。きっといる」

沖は、笑いながら困った表情をした。

「いやいや、北川君はすごい根拠のない自信があるんだね。まず相手先に伺うときは、必ずアポイントメントを取らなければならないよ。突然押しかけられても相手は困るし、伺った方もいなかったら困るでしょ」

すると、清水が少し得意気に言った。

「だから、いつでも見ることのできるメールがいいのよ、コストもかからないしね」

沖は言った。

「清水さんはメール派のようだね。メールは便利だけど、今回のような気持ちを伝える上ではもっと便利なツールがあるよ」

清水は聞き返した。

「え、じゃ電話ですか？」

「違うよ。電話でもいいんだけど、もっと心が伝わるものがあるよ。坂本君は知っているよね」

沖の問いかけに、直人はとっさに応えた。

「手紙かはがきですか？」

「そうだね。私たちの世代では、当然のように御礼状というものを書いていたんだけど、最近は書く人が少なくなったね、しかし、今でも重要な心を伝えるコミュニケーションツールだよ」

沖の説明に対して、清水は言葉をもらした。

「えー、めんどくさいなあ。それに非効率だし……」

沖は説得するように言った。

「でも、清水さんは、例えば、年賀状はメールで受け取ったときと、年賀はがきで受け取ったときでは、どちらに温かさを感じるかな。とくに友達ではなくて仕事上の相手だったら」

清水は考え込んで、納得した。

沖は続けた。

「手紙やはがきは、忙しい中、時間を取っていただいたときや、初めてお会いした方には目上、目下関わらず出す方がいいよ。みんなが出さなくなった今だからこそ、相手にとって良い印象を与えることができるし、それが信用にもつながって行くからね。ただ、気をつけなければならないのは、まず、できるだけ当日に投函すること、そして誤字脱字をなくすこと、あまり長く書くことなく、気持ちを伝えることに重点を置くことだよ。あり得ない話だけど、残った年賀状で出すことのないように」

4人は吹きだした。

直人は、先輩の手帳に常に10枚ほどのはがきが入っていて、取引先から電車で戻る最中にペンを走らせ、すぐに書いているのを見たことを思い出した。

「入社2年目」のノート

自分（直人）の回答が○

◎相手先に訪問するときは、必ずアポを取る

◎お礼や感謝はできるだけ、はがきか手紙で気持ちを伝えるのがよい

◎信用は手間をかけて築くもの

案件 11

くれぐれも忘れないように……

mail

差出人	人事部教育係　戸田係長
題名	研修持参物について
宛先	南国航空　販売促進課　奥田佑介
CC	
送信日時	5月19日　19:34

入社２年目研修参加者各位

人事部教育係の戸田です。
5月20日実施の入社２年目研修ですが、先に連絡していた通り、以下の提出物を必ず持参してください。

・入社１年目の振り返り評価シート
（上司記入欄は、必ず上司に記入してもらってください。また上司の職印もお願いします）

問い合わせが多いので、念のために連絡いたします。

人事部教育係　戸田

※あなたはこの評価シートの提出があるのを、今思い出したという前提で処理してください。

あなたならどのような判断をしますか？

坂本直人の考え

上司を呼び出すわけにいかないので、仕方がなく自分でそれらしく記入し、課長の机の上に置いてある印鑑を押して持っていく。そうすることで上司の仕事を減らすこともできる。

北川雄大の考え

会議室にいる課長に、この書類を持って行き、事情を話して書いてもらい、職印ももらう。

清水早紀の考え

課長が会議中なので、仕方がなくその上司である部長にお願いをする。
部長がいなければ仕方がないので人事部に謝る。

三条かおりの考え

とにかく職印なしで研修センターに持って行き、コピーを課長の机の上にメモをつけて置いておく。

そして、時間が空いたときにファックスで研修センターに送ってもらうようにお願いをする。

沖からのフィードバック

「さて、この案件をみんなはどう処理したのかな」

そう言って沖は、各自の回答を見比べた。

「えーと、北川君は会議室の課長にお願いをしに行ったんだね？」

北川は当然だと言わんばかりの表情だ。

「そうです、だって課長にしか書けないし、今すぐ出て行かなければならないし」

沖は、その発言に応じた。

「なるほど、確かに、本来は課長に書いてもらうべきだと思うけど、それはあくまで自分の立場や都合しか考えてないよね。逆の立場ならどう思うかな。例えば、自分が間もなく研修に出発する間際に後輩が、同じように先輩に書いてもらうはずの書類を忘れていたので、今書いてくださいと持ってきたら？」

清水が言う。

「空気が読めない子だな、と思います」

沖は手を叩いた。

「そうなんだ、この案件はどれだけ空気を読めるかがポイントなんだ。課長の会議を中断させてまで、自分がお願いするのを忘れていた書類を書いてもらうという行動を、客観的にどうとらえるかなんだ」

　北川はポカーンとしている。

「つまり物事には、タイミングが重要なんだ。このタイミングの取り方次第で、仕事の進み方も違ってくるんだ。このケースで考えると、今会議室に入っていって、この書類を書いてください と言ったとしても、書いてもらえないばかりか、先ほど清水さんが言った空気の読めない奴だなあと評価されるのがオチだよ」

　清水がすかさず発言した。

「上司の上司に頼むというのは？」

　沖は腕を組んだ。

「それもどうかなあ、上司の上司である部長がしなければならない仕事でもないし。そもそも、部長が書ける内容でもないと思う。もっと言うと、課長が会議中だから部長お願いしますと言って、自分が部長だったらどう思う？」

「うーん、何考えているんだ、と思うかも」

　清水が答えた。

　今度は、直人が質問した
「じゃあ、僕の考えもやはりまずいですかね？」

　沖は毅然と言い放った。

「坂本君の判断は、絶対に許されない行為だよ。これは勝手に課長の印鑑を使うばかりではなく、人事部も騙そうとしている。もし、本当にこれをやってしまったら、信用はゼロどころかマイナス、いや懲罰モノかな」

直人は軽々しく考えていたことを反省した。

沖はまとめた。

「つまり3人とも自分の立場だけを考えた結果なんだ」

少し部屋の空気が張り詰めた。

直人は、確かに自分のことばかり考えていたことを実感した。

自分が優先度の高い業務と思っていることも、必ずしも相手には優先度が高いとは限らないのだ。

北川が沖に質問した。

「そのタイミングの計り方ですが、どのようにタイミングを見たら良いのでしょうか？」

沖は答えた。

「上司に何か頼むとすれば、上司のいつもの行動を観察することだ。必ず人には行動の特性があるからね、コーヒーを飲むタイミングや少しリラックスするタイミング、それからその日の行動予定も確認しないとね」

沖は付け加えた。

「それと感情の起伏というタイミングも重要だね」

直人は、自分と先輩が報告書を出した場合に、直人はかなり突っ込まれるのに、先輩は自分より内容が良くないのに何も言われずに通っていることを思い返した。

また、先輩にそのことについて聞いたら、〝うちの課長は昼飯前は機嫌が悪いのを知らないのか？〟と言われたことも。

このようなことが、タイミングなんだなと感心しながら、ノートに視線を落とした。

「入社2年目」のノート

三条さんの回答が○

◎誰かに仕事を頼むときは、相手の立場になって、今頼んだらどういう気持ちかを考える

◎物事を進めるにはタイミングが重要。タイミング次第で結果が変わる

◎良いタイミングを計るには相手を観察すること

案件12

お弁当増やしてください

mail

差出人	営業企画課　徳田
題名	［重要］本日の会議について
宛先	南国航空　販売促進課　奥田佑介
CC	
送信日時	5月20日　7:49

販促課　奥田さま

本日12時からの7月度販売促進会議の件ですが、急遽参加者が14名から20名に増えましたので、お弁当の手配の変更よろしくお願いします。

いつもお手間を取らせますがどうぞよろしくお願いします。

あわせて、議題に「TOP航空の羽田からの鹿児島日帰りツアーヒットの検証」を専務より追加するように指示を受けております。
販促課課長様にご連絡お願いします。

営業企画課　徳田

あなたならどのような判断をしますか？

坂本直人の考え

自分で弁当屋に電話し、６名分増やしてもらう。
このメールをとりあえず課長はじめ課の全員に転送し情報共有する。
連絡の完了報告を営業企画の徳田さんに入れる。

北川雄大の考え

〈課長へメール〉

営業企画課より、課長に伝えろと連絡が来ましたので、メールを転送致します。
弁当は道中さんに増やすように指示をしておきます。

〈道中へメール〉

弁当14から20に変更手配よろしく。

清水早紀の考え

〈道中へメール〉

道中さんへ　会議の人数が転送内容の通り14名から20名に増えたので、弁当とお茶、それから会議室の椅子や配布資料などを増やしてください。

あと、「ＴＯＰ航空の羽田からの鹿児島日帰りツアー」の概要と評判をネットなどで調べて課長に提出してください。

〈課長へメール〉

以上手配しましたので、追加ご指示あればよろしくお願いします。

三条かおりの考え

〈課長へメモ〉

すいませんが、時間がないのでお弁当の件よろしくお願いします。あと会議の議題が追加になったようです。

沖からのフィードバック

「この案件では、みなさんの先を読む力を試しているんだよ」

　まず沖は言いきった。

　三条は少しうつむき加減だったが、沖に向かって小さな声ながらも、しっかりとした口調で聞いた。

「先を読む力……ってどういうことですか？」

「新入社員の頃は、上司や先輩などから言われたことを確実に実施することが求められていたね。けれども、入社2年目になると、ただ言われたことをやるのではなく、先を読んで仕事を進めることが求められるんだよ。言いかえれば、入社2年目でこれができるかどうかで、今後が決まると言える。そして与えられる仕事も変わって行くんだ」

「でも勝手に判断してはならない、と先ほど伺いましたが……」

　三条が質問した。

　沖は質問に対して、はっきりと告げた。

「勝手に判断することと、機転を効かして仕事を先回りしてやることは、まったく違うことだよ」

　そして、沖は４人の回答を見比べたうえで、北川に質問した。

「まずこの案件では、情報が2つ入っているよね、何かな？　北川君」

北川は答える。

「まず、弁当を6個増やすこと。そして会議の議題が増えたことです」

沖は北川を試すように、問いかけた。

「で、北川さんは、何をするべきだと考えたのかな？」

「え、そりゃ、弁当を6個調達して、議題が増えたことを課長に伝えることですよね」

北川は直人に同意を得るかのような語尾で答えた。

「確かに、それは新入社員の頃は正解だよね、しかし、先ほど言ったように先を読んで欲しいんだ」

沖が言ったことに対して、北川は考えた。

「先ですか……」

沖はさらに北川に問いかけた。

「弁当が6個必要ということは、あと必要なものは何かな？」

「弁当が6個必要……。そうか、お茶の用意も必要だ。うん、そもそも6人が増えるということだから椅子や机も必要になるなあ」

沖は手を打った。

「そうだ、今視点が広がったから、見えていなかったものが見えたんだ。弁当だけを見ずに、弁当が必要な背景やその光景を思い浮かべたから見えたんだ。その視点で、物事を見られるかどうかの違いなんだよ」

北川は納得したという表情を浮かべた。

「そっか、情報の背景や先を予想すれば、〝北川！　弁当が増えればお茶が必要になるとわかるだろ、すぐに用意しろ！〟と怒鳴られることはないな」

沖は満足そうだ。

「そうなんだ。だからTOP航空の件も、ただ伝えるのではなく、課長が会議でこれについての情報が必要になる光景が浮かぶかどうかで行動も変わるんだ」

沖は清水に声をかけた。

「清水さんには見えたようだね」

清水は、照れ隠しなのか、そっけなく言った。

「え、別に普通だと思いますが……」

直人は、同じ事実を見ていても、どこまで先を読めるかで、取る行動と避けることのできるトラブルがこれほど違うのかと思って力強くノートに書いた。

「入社2年目」のノート

清水さんの回答が○

◎先を読むことで、今後与えられる仕事が変わる

◎視点を広げ、その事柄の先に起きる光景を予測する

◎先回りして手を打つことで、自分の余計な作業が激減することになる

案件 13

できるやつに学んでこい!

mail

差出人	南国航空　販売促進課　白石亨
題名	社長表彰について
宛先	南国航空　販売促進課　奥田佑介
CC	
送信日時	5月20日　08:09

奥田へ

商品企画課の北野くんが今度、社長表彰を受けるらしい。
確か君と同期だったよな。

北野君は上司からはもちろん、周りからも段取りが良いということで評判がすこぶる良い。

君も着実に仕事をこなしてくれているが、段取りという点では彼から学べることもあるんじゃないかな。

一度話を聞いてみてはどうだろう。

片岡

あなたならどのような判断をしますか？

坂本直人の考え

〈課長へメール〉

ありがとうございます。研修終了後に一度、北野さんと会って話をしてみたいと思います。

研修でも今の私に足りない点を学んできたいと思います。

北川雄大の考え

〈課長へメール〉

課長、自分は自分なりに努力しています。北野なんかに負けません。

研修で甦ってきて次の社長賞を狙います。

清水早紀の考え

無視する

三条かおりの考え

〈課長へのメール〉

課長……私、社長賞なんて無理です。北野さんとお話しするにも、まだ力がないと思います。せっかくのお話ですが申し訳ありません。

沖からのフィードバック

「この案件を処理していて、少し悔しかったり、自分が情けなくなったりした方もいるかもしれない。でも、この案件のポイントは『学ぶことができるか』ということなんだ」

沖のこの言葉に北川は突っかかった。

「でも、同期と比べることはないと思います。それに自分には自分のやり方があります」

沖はその言葉を遮った。

「北川君、その姿勢では学ぶことはできないよ。私もこの仕事柄《がら》、多くの研修生を育てて来たけど、経験上、学ぶ姿勢になってない研修生が必ず一人はいるよ。あたかも〝俺には俺のやり方がある〟という風な姿勢の人が。確かに自分のやり方は大事にするべきだと思うけど、そのやり方をさらに良くするためには、他の人から学ぶことが大事だよ」

北川はまだ納得しない。すると清水も加勢するかのように、言った。

「でも、なんか自分のやり方が否定されているようで嫌な感じでしょ」

沖は説得するように言った。

「確かに言われている方も嫌だけど、言っている立場にもなってごらん。恐らくこんなことを言いたくはないよね。だから感謝するべきなんだ。顧客からのクレームも、わざわざ苦情を言ってくれるお客様は、その企業のファンであることが多いんだ。多くの顧客は〝2度と買うものか〟と何も言わずに離れて行くものだ。だからこのような提案は感謝するべきなんだ」

三条が口を開いた。

「私も以前、ずっと行っていた美容室で、少し気になったことがあって、苦情を言ったことがあります。だって、そのお店をこれからもずっと利用したいから……」

沖は言葉を加えた。

「そうなんだ。これは上司と部下にも当てはまる。こいつはダメだな、と思った部下にはこんなこと言わないよね。かりに、もし嫌味だったとしても感謝するべきで、決して無視や拒否などはしてはいけない。さらに、期待されているにも関わらず、〟できません〟ということは拒否以外の何物でもないと思うよ」

清水は少しうつむいた。

沖は続けた。

「こんな言葉があるの知っているかな」

そう言うと、沖はホワイトボードに青のペンで大きくこう書いた。

〟我以外皆我師〟

「これは、『宮本武蔵』を書いた作家の吉川英治さんの言葉だ。自分以外の人はライバルでも後輩でも、何かを教えてくれる先生だという意味で、学ぶことの大事さを教えてくれる言葉だよね」

直人は衝撃を受けた。

自分が教わることができるのは先生と呼ばれている人たちだけではなかった。つまり自分には学ぼうと言う意識がなかっただけなんだと。

沖はさらに続けた。

「だから、自分に課題があったら、それができている人に素直に学ぶ。それが向上心だと思うよ。たとえ、ライバルだろうが、素直に教えを乞《こ》う心があれば、必ずそのライバルに勝つことができるはず」

直人はこの前、ラーメン屋さんにいると、隣に座った若い男性が、

「勉強させてください」

と一言行って、一口一口味を確かめるようにラーメンを食べていたのを思い出した。

決して、そのお店は有名店でもないのだが、彼は食べ終わった後に、熱心に店主にいろいろと聞いていた。

直人は思った。

〝俺の作るラーメンが一番うまいんだ〟

というお店はいつか必ず取り残されて、お客さんは来なくなる。お客さんが来なくなって初めて自分のラーメンは美味しくなかったんだと理解するのだろう。そのように考えを巡らせながら、直人はノートを開いた。

「入社2年目」のノート

自分（直人）の回答が○

◎自分のやり方が完全だと思う時点で、学ぶ姿勢はなくなる

◎クレームや意見を言う人は自分のファンである

◎我以外皆我師

◎ライバルでも後輩でも学ぶことはたくさんある

案件 14

夜まで待っても来なかったのですが……

mail

差出人	高松支店　販売促進課　柳沢課長
題名	ビラ未着の件、確認願います
宛先	南国航空　販売促進課　奥田佑介
CC	
送信日時	5月19日　23:01

販売促進課　奥田殿　道中殿

いつもお世話になっております。
先日、手配をお願いしました、カード入会促進ビラですがまだ届いておりません。

昨日中に届くということでしたので、夜まで待っていたのですが、どうなっているのでしょうか。

ご確認お願いします。

高松支店　柳沢

奥田先輩へ　5月20日

すみません。発送忘れていました。
本日発送しますので、明後日到着です。
ごめんなさい。

道中

あなたならどのような判断をしますか？

坂本直人の考え

〈柳沢にメール〉

申し訳ありません。実は弊社の発送を担当した社員が新入社員で、私がその教育係なのですが、どうも指導不足で発送ができていなかったようです。できるだけ早く手配をするように担当に申しつけますが、そちらに到着するのは明後日になるはずです。もうしばらくお待ちください。

北川雄大の考え

〈柳沢にメール〉

ビラはすぐに送ります。申し訳ないです。何故このようなことになったのか私も良くわかりませんが、全て私の責任です。今後は私自身が対応し、今後このようなことのないようにします。

清水早紀の考え

〈柳沢にメール〉

申し訳ありません。ビラは明後日の到着予定です。じつは当部署内の不手際で発送がされていませんでした。私の責任と深く反省しています。今後はこのようなことのないように、２重チェックを行いますのでお許しください。尚、後ほど発送後に送り状の番号をお知らせいたします。申し訳ありませんでした。

三条かおりの考え

〈柳沢にメール〉

ご迷惑をおかけしております。今回の事態で柳沢様に大変なご迷惑をお掛けしましたこと、深くお詫び申し上げます。夜遅くまでお待ちいただいたとのこと、本当に申し訳ありませんでした。今回の事態ですが、原因は不明で、私は柳沢様のご依頼が無事処理されているものと確信しておりました。しかし、発送を担当した者が何かのトラブルで、発送の手続きを止めていたようで発送されておりませんでした、ついては、ただちに発送し、明後日着でお届けさせていただきます。ご迷惑をおかけして申し訳ありません。

沖からのフィードバック

「あらら、これまたいろんな対応が出て来たね……。この案件では、相手の質問に、どのように答えるべきかを学ぼうね。まず、大事なのは相手が何を知りたいのか、または何を言いたいのかを把握することだね。この質問では何だと思う」

清水が答えた。

「ビラがいつ届くのかということです。それから、なぜ届かなかったのか……もかな」

沖は手を打った。

「そうなんだ、一番聞きたいのはいつ届くのかなんだけど、みんなの回答は、まずこうなった理由から入っているよね。どうしてだろう？」

「ご迷惑をおかけしているので、まず、お詫びと理由からお話した方がいいかな、と思いまして……」

直人は自分の見解を述べた。

それに対して、沖が言った。

「お詫びをするのは当然だけど、相手が聞きたいことは〝いつ届くのか〟ということだから、まず、それに対して回答をしてあげるのが当然だと思わないかな」

直人は、いつもの自分の返答の仕方が否定されたようで少しむっとして、言葉を返した。

「でも、理由を言ってから、結論を言った方が論理的だと思います」

「坂本君は、上司の方からこんなことを言われたことがないかな？　結論から先に言え、と」

直人はぎくりとした。これは直属の上司以外に先輩にも取引先にも、よく言われる台詞《せりふ》であった。

「坂本君だけでなく、他の方の回答も言い訳が先に来ているだろう、これは相手のことを思っているから書いているのではなく、自分を守るために書いているだけなんだ」

直人の頭には〝保身〟という言葉が浮かんだ。

確かに、直接結果を告げるのは怖かった。何か前置きがあった方が相手が理解してくれるのではないかと思っていたのだが、それが逆効果になることが良くあるのも知っていた。

直人は沖に質問した。

「では、理由は告げなくてもいいのですか……」

「違う。まずは結論から伝えるべきだと言っているんだよ」

〝結論から先に伝える〟直人には正直、まだ怖かった。

逆に沖は直人に質問した。

「結論から先に伝えるのは怖い？　怖くない？」

「僕は、相手の気持ちが少しでも和らぐと、もう少し話がスムーズに……」

沖は直人の言葉を止めた。

「ほら、もう理由から入っているだろ。怖いか、怖くないのかを聞いてるんだけど……」

直人は、少し考えてから言った。

「怖いです。それは、僕は理由から入った方が……」

また沖は言葉を止めた。

「怖いです。だけでいいんだ。理由は聞かれてから話せばいい。とくに自分に非があるときほど、そうしなければならない」

そう言って、また4人の回答を見比べた。

「あと、坂本君の回答の中で、もう1つ気になる点があるけどいいかな」

直人は次に何を言われるのだろうとギクッとしたが、覚悟を決めて頷いた。

それを見て沖は言った。

「○○のはずです。という言葉もおかしいよ。これを聞いて相手はどう思うかな。きっと不安になるんじゃないかな。これと同じ言葉でよく使われるのが〝自分は○○だと思います〟や〝個人としてはそう思います〟などの言葉だ。これは、相手が個人の考えを聞いているのではない場合に、他部署や対外的においては、使うべきではない言葉だよ。この言葉が出る背景には、自分の発言内容に自信がないことがあるんだよね」

沖は続けた。

「三条さんの〝何かのトラブル〟という表現もやめた方がいい。これも保身で使っている背景があると思うけど、相手は余計に不信感を持つと思うよ。何かのトラブルって何？　ってね」

直人はまた、ぎくりとした。今までの相手にも、いざというときに自分が逃げることのできる環境を作っていることが見透かされていたのだ。そう思うと、相手に対して説得力がないのは、当たり前だと省みながらノートを手前に引きよせ書き込んだ。

「入社２年目」のノート

清水さんの回答が○

◎質問には、自分が何を答えるかよりも、相手が何を聞いているのかを優先する

◎結論を先に伝える

◎とくに自分に非があるときは、理由は聞かれてから答える

◎保身言葉や逃げ言葉は使わない

案件 15

なんとかしてくれ、コピー機を

mail

差出人	南国航空　販売促進課　片岡課長
題名	連絡事項
宛先	南国航空　販売促進課　奥田佑介
CC	
送信日時	5月20日　8:25

奥田へ

コピー機が故障しているので、至急業者に連絡してくれ。

修理ができたら、12時からの販促会議に必要な添付の資料をカラーで14部コピーしておいてくれ。

よろしく。

※あと、私宛の報告書がコピー機に置かれたままになっていた。書類管理は厳重に実施するように。

あなたならどのような判断をしますか？

坂本直人の考え

〈道中へメール〉

コピー機のメンテナンスの業者に電話して、点検してもらってください。そして直ったら課長から依頼されたコピーをして、課長に渡してください。


〈課長へメール〉

コピー機の件、申し訳ありませんでした。研修後確認します。

北川雄大の考え

〈課長へメール〉

自分でコピー機のメンテナンスの業者に連絡しましたので、修理が来ると思います。だからすぐ直ると思います。コピー機の書類の件、おそらく不要だと思いますので、恐れ入りますが捨てておいてください。

清水早紀の考え

〈道中へメール〉

まず資料を14部、他部署のコピー機を借りてでも、カラーコピーして課長に提出してください。それからコピー機のメンテナンスの業者に連絡して、修理を依頼してください。

〈課長へメール〉

上記指示をしましたのでご確認ください。コピー機に報告書が放置されていた件は申し訳ありませんでした。

三条かおりの考え

〈道中へメール〉

コピー機のメンテナンスの業者に、コピー機の修理を至急お願いし、12時までに間に合いそうにないなら、他部署のコピー機で資料を20部コピーして、課長に渡してください。それから、コピー機の上に報告書が置いてあったらしいので、課長に謝って取りに行ってください。

沖からのフィードバック

「よくある指示のようだけど、この案件では目的と手段を考えて欲しいんだ」

三条が、髪の毛を指にくるくると巻きつけながら、言った。

「目的と手段ですか？」

沖はホワイトボードに〝目的〟〝手段〟と大きく書いた。

「仕事をする上では、この2つを考えて動かないといけない。このコピー機を直して資料をコピーするということを目的ととらえるのと、資料を会議に人数分配布するのが目的だとわかっているのでは、行動が変わってくるんだ」

北川が頭を掻きながら、質問した。

「えーと、課長は資料をコピーしたいんですよね、ということは、コピー機を直せば全て解決するんじゃないんですか」

沖は首を振りながら、ホワイトボードの〝目的〟の欄に、〝?〟と書き、〝手段〟に〝コピーをする〟と書きこんだ。

「コピーをするのが目的じゃないだろう。ましてや、コピー機を修理するのもこの場合、目的ではなく手段だよ。目的はなんだ?」

沖が軽く咳き込みながらも、ゆっくりと続けた。

「清水さん、何だと思う?」

清水は、「資料を課長に渡すことです」と言い切った。

沖はハンカチで口をふさぎながら言った。

「えーと、それも手段だよ。課長は何のために資料を用意するのかを考えれば目的が見えるよ」

直人は少し考えて発言した。

「会議で使うためです」

沖は少し疲れたのか軽く手を打った。

「その通り、それが目的だと、どのような行動を取るべきかを考えることができるはず」

4人は自分の回答をもう一度見直した。

直人は自分の行動が「コピー機を直す」「資料をコピーする」などと手段が目的になっていることに気が付いた。

会議で使うためであれば、何より優先しなければならないのは人数分の資料を会議の開始時間までに用意することだ。コピー機が直ってからコピーしていると間に合わないな……と見えないものが見えて来た。

北川も隣で同じことを考えていた。

「そっかあ、課長はコピー機が故障したことに腹が立っているのではなくて、資料が準備できないので困っていたんだ。ということは資料が準備できれば、目的は達成できるんだ」

そうつぶやいて、自分の回答を書き換えた。

直人が不思議そうに聞いた。

「三条さんの回答……。資料は14部なのに20部って、予備なの？」

沖は冷房の効いている室内にも関わらず汗を拭きながら、ゆっくり語った。

「坂本君。これは点でなくて線で見ればわかるはずだよ。案件を１つの点ではなく、他の案件と一緒に見ることによって20部の資料が必要になるんだ」

清水は、思わず小さく舌打ちをして、言葉をもらした。

「案件12ね。気が付かなかったわ」

三条以外の３人は、ペラペラと音を立てて案件12と見比べた。

沖は、また汗を拭きながら言った。

「そうだね。この案件の目的が、会議に必要な数の資料を用意するということであれば、案件12の情報を絡めて、20の資料を用意する必要があるね。それとコピー機の書類は、気がついたかな」

三条以外の３名は、またペラペラと音を立てて案件をめくった。

「ああっ、これって道中がなくした報告書かあっ。あいつ電車じゃなくてコピー機に忘れてたのか！」

興奮する北川を見ながら、沖が締めた。

「仕事は全てつながっている。だから、これからみんなが成長するためには、物事を点で見ずに線で見ることに注意して欲しい。ことわざで言うなら、〝木を見て森を見ず〟にはならないようにね」

直人は課長から小言のように言い続けられた、

「お前は本質をわかっていない」

ということがこれだったのかもしれない、と感じながら、急いでノートを開いた。

「入社２年目」のノート

三条さんの回答が〇

◎目的と手段を混同しない

◎物事は点で見ずに線で見る

以上が入社2年目のインバスケットの問題と解説でした。本書の「守破離の守」（教えられたことを守る）にあたるものです。

第三章からは、5年後のインバスケットに取り組んでいただきます。「守破離の破」（身につけた教えを一歩進める）にあたるものです。

そして、第四章からは、5年先の自分軸を創り上げる「守破離の離」（独自のものを創り上げる）になります。インバスケットから学ぶことのできる〝インバスケット思考〟をどのように自分のものとして体得していくかについて、解説いたします。

第三章

今から5年後のインバスケット「守破離の破」

※当問題は株式会社インバスケット研究所が独自に開発したものです。

ストーリー　台風の中で

直人たちは研修1日目のインバスケット演習を終えて、今日2日目は、自分たちにどのようなスキルが足りなかったのかを討議し、最終日のプレゼンテーションに向けての資料作成をしていた。

この研修で各々が、自分たちに足りなかったスキルや、仕事の進め方を目《ま》の当たりにした。

そして、自分たちに足りなかったものに対し、過去の失敗した事例と照らし合わせ、具体的な検証を行っていた。

直人はこれほど自分の仕事を客観的に分析し、いつもの自分の判断や行動を見つめ直したことはなかっただけに、〝今回は有意義な研修になりそうだな〟と心から感じていた。

ただ、教官の沖の体調が良くないらしく、ときおり中座をしているのが気になっていた。

4人の討議中、〝ゴオッー〟と大きな音と振動、そして何かが倒れるような音がした。

直人は、かなり低くジェット機が飛んでいるのだな、と思っていた。

しかし、整備士である北川がつぶやいた。

「これは飛行機じゃない。風だ」

4人はカーテンの閉められた窓に、いっせいに向かった。

カーテンを開けた向こうの景色は、今までのソーダー色の海が広がっていた南国の風景ではなくなっていた。

横なぐりの雨と深い霧、そしてヤシの木が抜けそうなくらいの強風が吹き荒れている。外に止めている自転車も数台、将棋倒しになり、研修センターの管理人がカッパを着て、植木などにシートをかぶせている。

「南国の天気は変わりやすいなあ」

直人がそう言って、席に戻ろうとすると、沖の携帯電話が鳴った。

ただでさえ、顔色の悪い沖の表情が、電話を取った後、さらに曇るのが直人たちにも読みとれた。

電話を切った沖は、バタバタとノートパソコンを出して、立ち上げた。

「どうしたんですか？」

直人は沖に尋ねた。

「悪い。緊急事態が起きたので、少し早いが君たちは夕食休憩を取ってくれないか」

沖は直人に目を合わそうともせずに、インターネットの気象情報を凝視した。

直人たちも沖のノートパソコンの画面を食い入るように見た。

沖が見ている気象情報は、南国航空が契約している民間気象会社のデーターで、非常に精度が高く航空機の運行管理にも使用されている。

その画面には、この島の南西近くに台風らしき渦を巻いた雲が映っており、進路予報ではこの島の南を通るようになっていた。

「時速30キロの速さで北西へ進んでいる。最大風速は40メートル」

「熱帯低気圧が急に台風に変わったんだ。悪いが、すぐに営業所に戻らなければならない。君たちはこのまま明日の発表の準備を進めてくれ」

沖は暑いのか、それとも体調のせいか、異常なほどに吹き出る汗を拭き取りながら、ノートパソコンや書類などをかばんに放り込むようにして、荷物をまとめて研修室を後にした。

清水が足早に玄関に向かう沖の後姿を見ながらつぶやいた。

「沖さん、大丈夫かな。ふらふらしているけど……」

直人たちは窓から、沖の車のテールランプを見送ったが、その光はすぐに雨交じりの強風に消えた。

そのあと、不気味な風の叫ぶような音と、それにつれて周期的に揺れる大きなヤシの木の様子に、4人は味わったことのない自然に対する恐怖感をおぼえた。

三条が少し脅えながらつぶやいた。

「明日帰ることができるのかしら」

直人は今回のインバスケット研修で学んだ「報告・連絡・相談」を、今こそ実践するときだと感じた。そして3人に各上司に現在の状況と、明日帰ることができないかもしれないという報告を入れようと提案した。

３人とも頷いて、すぐに連絡を取ろうと、携帯電話を手に取った。

直人は、上司がどのような反応をするか少し心配だったが、事前に連絡をしたことに対して、褒められたうえに、心配をしてくれ、とにかく無事に帰って来い、と言ってもらえた。

そうして、４人は強風で建物が揺れる感覚を受けながら、自分たちのこの研修の成果であるプレゼンテーションの資料の作成に取りかかった。

それから数時間が経ち、ようやく夕食の休憩を取ろうとしたときに、ずぶぬれの研修センターの管理人がタオルで顔を拭きながら、研修室に入ってきて直人に声をかけた。

「坂本さん、電話が入っていますよ」

直人はどこからだろうと思いながら、管理人の持ってきた電話の子機を手に取った。

「もしもし坂本です」

「坂本君か、私だ、高岡だ」

〝高岡って専務!?〟

直人はどう返答するべきか言葉に詰まった。

「もしもし、聞こえているなら返事くらいしたまえ」

「あ、申し訳ございません。聞こえております……」

「よし、坂本君、これから私が言うことを良く聞いて欲しい。実は先ほど与平名営業所から連絡が入って、君たちの教官を務めていた沖君が高熱で倒れ、病院に搬送されたとのことだ。症状は安定しているものの、現在検査をしているため、しばらく入院が必要らしい。そこで、君たちは今から与平名営業所に向かって、数時間、沖君の代理として業務に当たって欲しい。現在、与平名営業所のある与平名空港は悪天候のため自社便を含め、全便が運行を見合わせている。営業所には現在、関連企業と委託企業のスタッフしかおらず、乗客の対応などで苦慮しているとのことで、君たちが行って指揮をとって欲しい」

直人は急な申し出に戸惑った。

「いや、専務、お言葉を返すようですが……」

こう言った瞬間に直人は、

〝しまった、お言葉を返してはならなかった〟

と後悔しながら言い改めた。

「専務、お話は理解できましたが、私たちはまだ全員入社2年目です。それにカウンター業務などの経験者もいませんし……」

高岡は強い口調で言った。

「そんなことはわかっている。しかし、その島には君たちしかいないんだ。営業所長代理が福岡へ行っていて、帰る便が欠航でそちらに向かえない。天候が回復次第、営業所長代理を向かわせるので、それまで持ちこたえてくれ」

少しなだめるように、高岡は付け加えた。

「これは君らには重責かもしれないが、責任は私が取る。電話などで、私たちも全力でサポートするので心配するな。ともかく空港に行って現状を報告してくれ。いいな、これは業務命令だ」

業務命令という言葉に、直人は反射的に答えた。

「わかりました。空港に向かいます」

電話を切ると、成り行きを見守っていた3人の視線が直人に向けられた。

〝余計なことを引き受けたのでは……〟

直人は、職場でも同じような冷やかな視線を何度も受けたことを思い出した。

〝これがこの南国航空の悪い社風なのかもしれない〟

しかし直人は、この命令は今まで受けたことのないミッションだと感じていた。

3人にやる気が出るように、少し工夫をしながら事の成り行きを説明した。

3人は〝無茶だ〟や〝不可能〟などの言葉を口にしたが、直人は言い放った。

「これは業務命令らしい」

直人の言葉に3人はしばらく考え込んだが、事態を飲み込んだらしく、直人の発言に従うことにした。

研修センターから空港までは車で10分ほど。しかし、この天候のせいかタクシーはつかまらない。仕方なく、4人は歩いて空港まで行くことにした。

正面玄関のドアを押して出ようとしたが、いくら押してもドアは開かない。

「カギが閉まっているんじゃないか」

と北川が最後に力強くドアを押すと、ドアはかすかに開き、その隙間から、勢いよく水と強い風が入ってきて、玄関周りは水浸しになった。

「こんな中、歩いて行くの？」

三条は嫌悪感を示した。

「何、言っているんだ。とにかく行くしかないだろ」

と北川はビニール傘をさして、ドアの隙間から出ようとすると、ビニール傘からビニールが音もなく室内にはがれ飛ばされた。

この光景を見て、清水も行くべきではないと言い出し、玄関で議論が始まった。

直人はこの様子を見て、今まで取らなかった行動を、つまり、自分がリーダーになって集団をまとめることを決心した。

今までも、このようなケースが職場で何度となくあったのだが、自分が責任を取らなければならない、仕事が増える、周りから目立ちたがっていると見られるのでは、などの複雑な心境が、直人のこの行動を抑えていた。

しかし、直人は本来、集団をまとめたり、自分が何かを決断したりすることを得意としていた。この南国航空の入社面接のときにＰＲしたのも、大学のサークルなどでリーダーを務めていたことだった。

「ともかく空港に向かおう、一刻も早く到着して業務に当たるべきだと思うけど、みんなどう思う？」

そうして、まず、〝行くべきだ〟という自分の意思を明確に伝えた。

他の3人はしばらく考えたが、管理人が用意してくれたレインコートを静かに身につけ、外に出る準備をはじめた。

外では、目の前を大きなヤシの葉がいくつも飛んで行き、白い水のカーテンが風に揺られるように一気に直人に向かってくる。そしてバシバシと音を立てて直人の右頬を叩きつけた。

直人たち4人はひと固まりになり、まるでお化け屋敷を歩く子供たちのように、両側で大きな生き物のように動くヤシの木に、脅えながら空港に向かった。

空港は予想通り、足止めをくらった乗客でごった返していた。とくに大手の航空会社の搭乗手続きカウンター前は、どこが並び列の最終尾がわからない状態になっている。

与平名空港には、直人たちの南国航空以外に、SDA航空と平和航空の大手2社が乗り入れている。大手航空会社2社は一日5便、南国航空は一日2便である。

カウンターも、大手航空会社がほとんどの場所を占めており、弱小航空会社である南国航空は一番右の4つほどのカウンターしかない。

直人たちは、大手航空会社の前で団子状態になっている人の波をかき分け、自社のカウンター前に到着した。

他社のカウンターと違い、南国航空の前には20人ほどが整然と列を作って並んでおり、カウンターではグランドホステスが手際よく案内をしていた。

この光景を見て、直人は少し安堵した。

しかし、そのとき、空港内に大きなどよめきが起こった。

それは大手航空会社の前で、今か今かと待っている乗客のどよめきだった。

大手2社のカウンターから、アナウンスがそれぞれ流れたのである。

「お客様にご案内申し上げます。本日、運行を見合わせておりました当空港発着の便は、悪天候により欠航となる可能性がございます。お急ぎのところお客様にはご迷惑をおかけすることを深くお詫び申し上げます」

アナウンスが流れると、大手航空会社のカウンタースタッフ全員がマニュアル通りかのように頭を同じ角度で下げた。

そして、その内容の張り紙が貼られ、乗客はわれ先にと食い入るように確認している。

その後、明日の便の空席待ち整理券を配るとのアナウンスが空港内に何回も繰り返された。

そのうち、人の流れに変化が出たのを直人は目の当たりにした。人の流れが直人のいる南国航空の方に向かってくるのだ。

直人がこの人の流れの理由を理解するのにそう時間はかからなかった。

現時点で唯一、欠航の可能性に言及していないのは南国航空だけだったのだ。

多くの人は唯一の望みを託して、南国航空のカウンターに向かってきているのだろう。あっという間に、南国航空のカウンター前は修羅場のごとく乗客が殺到した。

正直、直人は、群衆のようにして、押し寄せるお客様に対して、言いきれぬ圧迫感をおぼえてしまった。

清水は直人に言った。

「坂本さん、ここはカウンタースタッフに任せて、私たちは事務所に入りましょう」

直人は、3人とともにカウンターの奥にある事務所に入った。

事務所では、カウンタースタッフの鶴田が1人で電話応対をしていた。そして、電話を終えると立ち上がり、直人たちに挨拶というより訴えてくるような感じで話した。

「カウンターリーダーの鶴田です。先ほど専務から、皆様が応援に駆けつけていただけると伺い、お待ちしておりました。所長は倒れるし、本社には連絡がつかないし、どうしたら良いかパニックになりかけておりました」

鶴田は、南国航空の社員ではなく、与平名観光という地元企業の派遣スタッフである。航空業界では、グランドスタッフと言われる地上勤務職の多くを、航空会社の社員ではなく、別会社のスタッフが請け負っていることがよくある。

この南国航空の与平名営業所のカウンター業務や手荷物、整備などの業務もすべて別会社が行っている。南国航空の社員は所長の沖と営業所長代理の市丸だけなのだ。

直人は鶴田の、

〝本社と連絡が取れない〟

という言葉に嫌な予感がした。

直人は鶴田に確認をした。

「電話回線がダウンしているんです。パソコン回線もダウンしています。おそらく停電だと思います。空港内は自家発電で稼働していますが、電気があと30分ほどもつかどうかだと連絡が入りました。これもいつまでつながるか……ホットラインや無線はありますが、これは整備と運行管理が優先で使っており、ほとんどこちらからはつながりません。」

直人は、ともかく本社と連絡が取りにくい状況であることは間違いないと察知した。

「あれ？　携帯つながらないや」

後ろで北川がぼやいた。

〝まさか……〟

直人たちは、慌てて自分たちの携帯をみた。

つながらない。インターネットにもつながらない。

その理由が、これだけの人数が1か所で携帯を一気に使用しているからか、電波設備の異常なのかは、今の時点ではわからないが、ほとんど外部との連絡が取れないのは確かのようだ。

カウンターからのトランシーバーが鶴田を読んでいるのが聞こえた。鶴田の顔色をみていると何かが起きている様子だった。

鶴田は、直人たちに向かって告げた。

「では、カウンターでトラブルが起きているようですので、私は行って参ります。皆様にご判断を仰ぎたいことはここにまとめておりますので、ご指示よろしくお願いします」

駆け足でカウンターに向かった。鶴田がドアを開けた瞬間、無数の乗客の視線が事務所内にいる直人たちに向けられたような気がした。

直人は今の状況を整理してみた。

今から5年後のインバスケット問題

通信環境は、本社などと連絡が取れる手段が現時点ではない。

こちらから携帯のメールが送れるレベルである。

飛行機の離発着に必要な電源やシステムは確保されている。

日時は8月2日18：00である。

ともかく、目の前にある案件を電気のつながっている30分以内に処理しなければならない。

壁には、南国航空与平名営業所の組織図が貼ってある。

南国航空与平名営業所　組織図

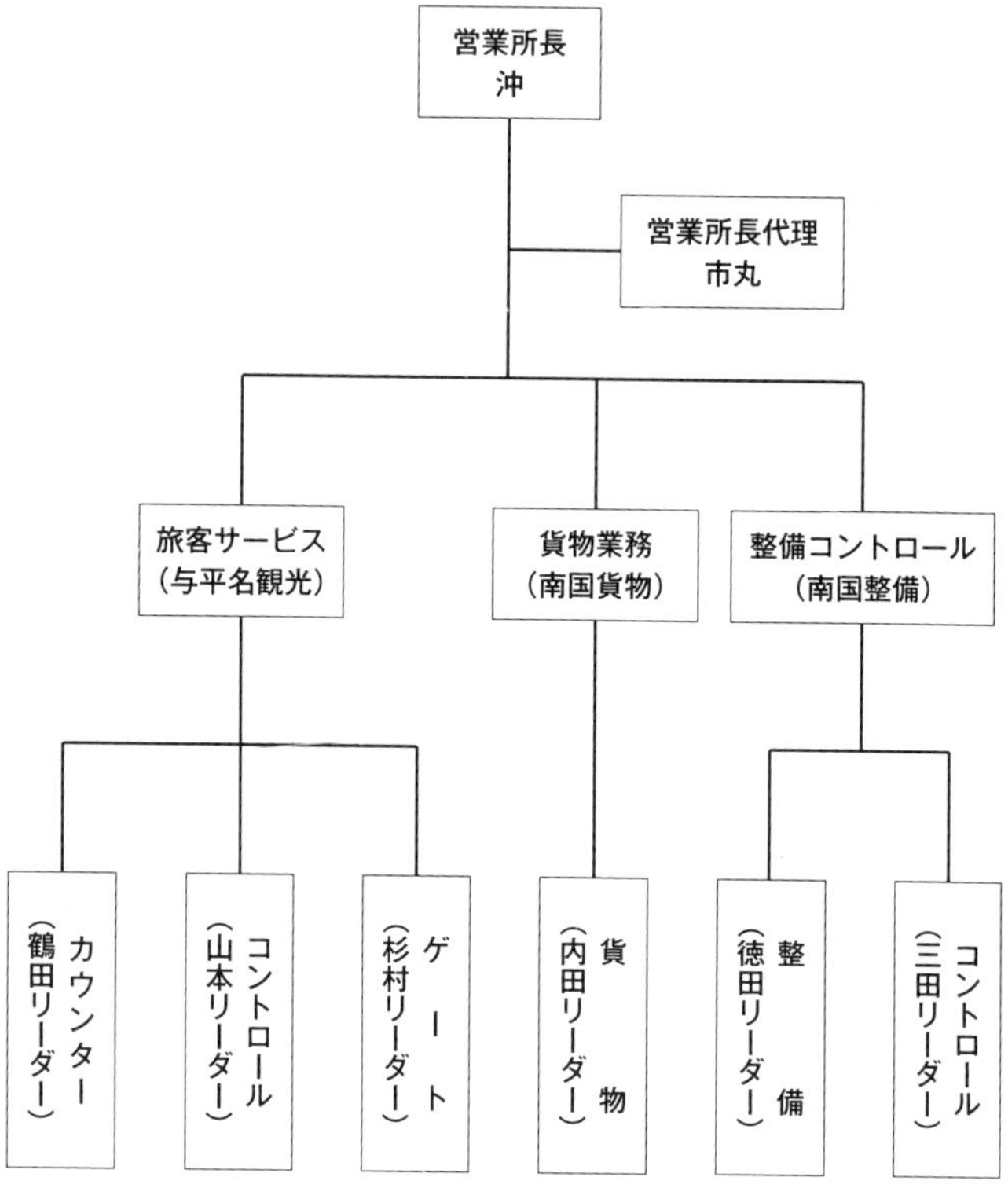

次のページ以降には、鶴田がまとめた15の案件があります。

現状況では、時間の制約があります。

あなたは、全ての案件を個別に処理するのではなく、現状況において、優先しなければならない案件を３つ選び、判断してください。

※実際の航空業界で使用されている用語や業務内容にのっとったものではなく、ストーリー上、誇張した表現などが加えられています。

案件１

memo

沖所長へ

「ミールクーポン配付の件」

現在、NGA1055便のDLYにて、お待ちのお客様がゲートに65名いらっしゃいますが、すでに4時間以上お待ちいただいております。

空腹を訴えるお子様もいるようですのでミールクーポンを配りたいのですがよろしいでしょうか。

また、横になられているお客様もいらっしゃいますので、毛布を20枚ほど機内からお借りします。

8月2日　16:30　　ゲート 杉村

※ＤＬＹ＝Delayの略、遅延のこと
※ゲート＝搭乗口
※ミールクーポン＝空港内の飲食店で使える食事券のこと

案件２

本社よりFAX

TO	南国航空　与平名営業所
FROM	南国航空本社　コントロール部気象予想課
DATE	8月2日17:00

8月2日17：00現在の気象概況について

日本の南方洋上で発生した台風９号は、勢力を強めながら南大東島の南海上を時速30キロという早さで北西に進んでおり、3日15時には与平名島に最も接近すると思われる。

南大東島では2日15時に最大瞬間風速55．２メートルを観測し、周辺の海上も10メートル以上の大しけとなっている。

今後の予想としては、与平名島付近は大荒れの天気となる予想だが、台風の目がはっきりしておらず、再び温帯低気圧に変わる可能性もある。

また、現在は強風が吹いているが、台風は今後、進路をやや西に向けると思われ、19時～21時は、風雨ともに数時間弱まるものと考えられる。

本土との航路上においても、気流が不安定なものの、離発着には支障がないと思われる。

ただし、今後の台風の進路や勢力に注意は必要である。

案件 3

回覧

「赤字路線対策会議招集について」

標題の件、下記の通り依頼致します。

記

日時　8月4日（金）13:00～15:00

場所　南国航空本社　8階

対象者　南鳥島営業所　平和島営業所　与平名営業所の各所長
本社運行企画部　本社管理部　本社財務部各部部長

議題　以下の赤字路線の対策を検討する

路線番号	路線名
AS-0255	鹿児島－平和島
AD-1471	宮崎－南鳥島
AE-0025	鹿児島－与平名
AR-0021	福岡－与平名

対策資料を準備の上、8月2日19:00までに本社運行企画部に参加の有無を報告願います。

以上

案件 3-2

南国航空　対策路線収益状況

路線番号	路線名	1日便数（往復）	平均搭乗率	SDA・平和航空平均搭乗率	採算搭乗率	使用機種（ ）は乗客定員数
AS-0255	鹿児島～平和島	2	57%	85%	50%	YR767（200）
AD-1471	宮崎～南鳥島	2	48%	75%	50%	YR767（200）
AE-0025	鹿児島～与平名	1	35%	82%	50%	YR373（100）
AR-0021	福岡～与平名	1	29%	93%	50%	YR767（200）

参考　各営業所収益推移

単位（百万円）

	3年前	2年前	1年前	本年見込
平和島	−56	−32	−12	−5
南鳥島	−34	−82	−53	−10
与平名島	−12	−19	−30	−40

案件4

memo

沖所長殿

「空席待ち受付数報告」

現時点の当社の空席待ち整理券発行数は、鹿児島行

福岡行合計で785名です。

（当初から当社航空券を持たれているお客様200名を

含む）

参考情報で、現在、当空港で足止めをされているお客

様は他社を合わせて2000名程だそうです。

多くのお客様が、昨日の月食を見に来られたお客様ら

しいです。

臨時便の要請をかけられても良いのではないでしょうか。

8月2日　17:20　コントロール 山本

案件 5

memo

本日の勤務シフトについて

お疲れ様です。

整備の徳田です。

整備スタッフ早めに帰らせていいですか。

この天候では欠航確実だと思いますよ。

東京の方にはわからないかもしれませんが、みんな、

島の人間なので、自宅の方を心配しております。

台風の対策もしなければなりません。

会社からは、沖所長の判断を仰ぐように指示されてい

ます。

8月2日　17:25

案件 6

回覧

8月2日　17時

「現在の状況について」

標題の件につきご連絡いたします。

1. 空港設備状況について

台風9号の影響により、与平名島全域で現在停電が発生しており、当空港も非常用自家発電機にて電気を供給しております。しかし、発電電力の関係上、航空機の離発着に直接関係しない施設への電気供給は18時30分にて打ち切る予定です。

ご協力よろしくお願いいたします。

〈電力供給打ち切りエリア〉

空港内ロビー、カウンター、事務設備、飲食フロア

※非常用電源に切りかえりますので真っ暗になることはありませんが、念のため懐中電灯などの用意をお願いします。なお、航空機の運行に関わるシステムや照明などの電源には問題ありません。

2. 飲食フロアについて

本日の悪天候のため、食材が本土より入荷しておりませんので17時にて全店閉店いたしました。

したがって、ミールクーポンの使用も、いったん停止致しますのでご注意ください。

3. 宿泊施設状況について

現在、島内の宿泊施設はすべて満室です。

したがって、現在行っている空港案内所での宿泊施設案内は打ち切らせていただきます。

恐れ入りますが、各航空会社様にてお客様のご対応よろしくお願いします。

空港管理 YKS 株式会社
施設管理部施設課　源 新次郎

案件７

memo

他社の運行状況について

先ほど平和航空の GH と話していると、どうやら本日・明日とも全便欠航をする可能性が高いと話しておりました。

SDA 航空は現在、検討中らしいですが、この悪天候ではおそらく欠航でしょう。それなのに、ゲートの GH は待機を指示されているらしいのですが。

大手航空会社は他の路線があるので、この路線が欠航しても大きな影響がないのでしょうね。

当社は、まだ欠航決まらないんですか。

できれば早く決めていただいた方が、お客様へのご案内上ありがたいのですが。

8月2日　17:25　ゲート 杉村

※ＧＨ＝グランドホステス、地上勤務員

案件8

memo

沖所長へ

体調不良のお客様の件

先ほど、平和航空から申し入れがありました。

内容は、本日の平和航空便でご搭乗予定の46歳の男性で、人工透析を受ける必要があるお客様がいらっしゃるらしいのですが、平和航空の便が欠航の場合は、もし当社の便が飛ぶようでしたら、なんとか搭乗させていただきたいとのことでした。

本日の1055便はすでに満席ですが、社員用割引航空券を使って、営業の大田さんの予約が入った席がありますので、この席をこちらのお客様に譲ろうと思いますが、よろしいでしょうか。大田さんは了承済みです。

8月2日　17:50　カウンター 塩川

案件９

memo

先ほど、携帯テレビでニュースを見ていると、南海テレビのトップニュースで「与平名島台風直撃、月食観測の観光客１万人が島から帰れず」と報道していました。

大手航空会社が欠航し、もし南国航空だけが運行できれば、きっとニュースで取り上げられて良い宣伝効果につながると思います。

こんなときこそ、大手にない小回りを利かせた対応をしたいですね。

すいません。本題です。

1055便で預かっているドーベルマンがいるのですが、腹を減らしているようです。

なにか餌を与えて良いですか？

8月2日　17:20　貨物 内田

案件 10

memo

沖所長殿

県議会議員　大杉先生の件

所長、忙しい中、申し訳ありません。

先ほど、県議会議員の大杉先生の秘書だというお客様から、何とか席を確保するようにと強いお申し出がありました。

いったん、他のお客様と同様にキャンセル待ちのご案内を申し上げましたが、ご納得されず、所長と直接交渉をしたいとお申し出いただいております。

いかが対応しましょうか。

料金は2倍出しても良いとも言われております。

私どもでは力不足だと叱られました。

8月2日　17:25　カウンター 宮坂

案件 11

鶴田がカウンターから
戻ってきて、直接言った。

お待ちになっているお客様が、かなりお疲れになっています。空港内の飲み物などの自動販売機は全て品切れで、売店も飲み物や食べ物が一切ありません。

南国航空本社の許可がないと駄目なのはわかっていますが、災害用の備蓄ペットボトルや食べ物をお配りしたいのですが、駄目でしょうか？
せめてお子様にだけでもお渡ししたいです。

memo

沖所長へ

待機中の航空機情報

ご指示のあった当空港に現在待機中の航空機情報です。

スポット	便名	航空会社	定員	状態
1番	SDA034便	SDA航空	200	待機
2番	SDA098便	SDA航空	200	待機
3番	SDA109便	SDA航空	130	待機
4番	HIA220便	平和航空	250	待機
5番	HIA253便	平和航空	220	待機
6番	NGA1055便	南国航空	200	待機

以上の6機が与平名空港に待機中です。

ちなみにSDA航空は現在、給油を開始したそうです。

こんな天気なのに飛ばす気でしょうか？

平和航空はゲートのお客様をいったんロビーに戻しているようです。

ところで南国航空の本社の対応は決まったのでしょうか。

この天気なので今日、明日は飛ぶのは無理じゃないですか？

できれば私も欠航が確定すれば帰りたいのですが。

8月2日　17:35　コントロール 延岡

案件 13

mail

差出人	南国航空本社　航空部　桶谷部長
件名	月食対応　増発便の結果
宛先	沖所長
CC	
送信日時	8月1日　11:25

与平名営業所　沖所長殿

ご苦労様です。

先日の増発便（YR－767）の搭乗率の速報が出たが、散々な結果だった。

搭乗率32％で燃料費の往復600万円さえ出なかったのは承知の通りだ。

これは君の企画だったので、8月4日の会議での報告はよろしくお願いしたい。

案件14

鶴田がカウンターから戻ってきて、直接言った。

お客様が当社のカウンターに殺到して、状況の説明を求めています。今現在で空席待ち整理券は1500枚発行しています。おそらくあと200枚は出ますので、1700枚の発行予定です。本社になんとか連絡をとって、臨時便を出していただけないでしょうか？

案件 15

本社からの電話

ようやくつながりました。本社航空管理部の木村です。

今、気象課から与平名空港への飛行離発着可判定が出ましたので、臨時便を増発しようと検討しています。

ただ、こちらではそちらの状況がわかりませんので、何機、臨時便を手配すればよろしいでしょうか。現在 YR －767（定員 200 名）を最大 10 機は確保しています。


申し訳ありませんが、気象課によると数時間後にはまた風向きが変わり、与平名空港は離発着が不可能になる可能性が高いとのことですので、今すぐにご判断お願いします。今回はそちらの判断に従うように指示をされています。

※臨時便は与平名空港に足止めされている乗客を本土に送り返すためだけの臨時便。従って片道（本土から与平名空港）は乗客は乗せない。

今から5年後のインバスケット問題（解説）

ここからは、入社2年目の4人が、優先度が高いと判断した順の3つの案件の解決策を考え、行動する様子を実況中継していきます。

すべてが正しい行動ではなく、ときには誤った判断があり、そして葛藤や迷いがあります。それらを客観的に観察して、あなたはどのように感じ、自分ならどのように判断・行動するであろうかを考えてみてください。

選別した3案件以外の案件は、時間が限られているので、ここでは個別に処理を行いません。選別した案件を処理するための判断材料とします。

限られた時間内で、効率的な案件処理を行うには、すべての案件に対し、個別に処理を行わない場合もあります。案件を個別に処理していくことに時間を使っていると、重要度の高い案件処理に十分な時間を割けなくなる可能性があるからです。

1つ目の判断

直人は、これまで、このような短時間に重大な判断を迫られた経験がなく、正直どうしたら良いのかわからなかった。

しかし、今は自分たちが判断するしかないのだと覚悟を決めた。

まず、案件15の本社航空管理部の木村の電話に対して、

「5分待ってください。すぐに協議しますので」

と言って、いったん保留とした。一度切るとつながらない可能性があるからだ。保留にしたものの、突然迫られた意思決定に対して頭が真っ白になった。

4人は顔を見合わせて、口々に案件処理の方法について主張し始めた。

「ともかく一つずつ確実に処理していくべきだと思います。まず1番目の案件から……」

このように三条が言うと、北川が立ち上がって主張する。

「よくわからん案件ばかりだから、ともかく自分たちが処理できるものからするべきだ！」

その光景を見ながら、清水が言った。

「この30分間で全部処理するのは無理よ。こんなときこそ、優先順位をつけて重要なものから処理していくべきだわ」

その意見に対し、北川が少しやけを起こしたかのように言い放った。

「優先順位って言っても、誰に、どれからしたら良いかって聞けばいいんだ？　誰もいないじゃないか」

直人は清水の意見に同感だった。まず自分がこの状況ですることは何なのかを、腕を組んで考えていた。直人の耳にはかすかな携帯電話の保留音と、カウンター越しに聞こえる、お客様のざわめきが入ってくる。

〃お客様を無事に自宅に帰すことが私たちの使命〃

直人の頭に、はっきりとした考えが浮かんだ。

そして、３人にその考えを伝え、それのためには、どの案件から判断するべきか選択しようと考えた。

もちろん、まず行うべきなのは、今、手に持っている携帯電話につながっている案件15の臨時便についての判断だと４人の考えは一致した。

そして案件15の案件処理を４人は考えた。

案件 15

本社からの電話

ようやくつながりました。本社航空管理部の木村です。

今、気象課から与平名空港への飛行離発着可判定が出ましたので、臨時便を増発しようと検討しています。

ただ、こちらではそちらの状況がわかりませんので、何機、臨時便を手配すればよろしいでしょうか。現在 YR －767（定員 200 名）を最大 10 機は確保しています。


申し訳ありませんが、気象課によると数時間後にはまた風向きが変わり、与平名空港は離発着が不可能になる可能性が高いとのことですので、今すぐにご判断お願いします。今回はそちらの判断に従うように指示をされています。

※臨時便は与平名空港に足止めされている乗客を本土に送り返すためだけの臨時便。従って片道（本土から与平名空港）は乗客は乗せない。

あなたならどのような判断をしますか？

坂本直人の考え

判断	**YR-767を10機呼ぶ。**
理由	・案件14から、空席待ち整理券が1700枚出る見込みであること。 ・案件9から、島内には1万人の観光客が取り残されているとの情報があること。 ・案件9から、自社の便だけが運行すればメディアに取り上げられる可能性があること。 ・案件4から、空港内には2000人が足止めされているとの情報があること。 ・案件3から、片道は乗客0人であるが、与平名空港から本土の間が満席になれば採算はとれる。 ・案件7から、他社の今日、明日の欠航の可能性が高いから。 ・なにより困っているお客様を一人でも多くご自宅に帰したいから。

北川雄大の考え

判断	**YR-767を1機呼ぶ。**
理由	・自社のお客様200名は、現在駐機中の自社便で運ぶ。 ・臨時便はVIPや病人などのどうしても運ばなければならない乗客だけを運ぶ。 ・原則、自社のお客様に対しては責任があるが、他社の欠航で足止めを受けたお客様に対しては、その航空会社が対応するべきであると考えたから。

清水早紀の考え	
判断	**呼ばない。**
理由	・案件12から、現在駐機中の自社便と他社便が運航すれば、多くのお客様が搭乗できるから。 ・あわせて、案件12でSDA航空の機体に燃料補給がされているなど出発の予兆が見られるから。 ・もし、他社の駐機便や臨時便が出た場合に、当社のリスクが高すぎ、案件3から、さらに与平名島営業所の損益が悪化する恐れがあるから。

三条かおりの考え	
判断	**本社の判断に任せる。 または、カウンターリーダーの鶴田に任せる。**
理由	・自分たちが判断できる立場になく、もし損失が出ても責任が取れないから。 ・入社2年目の自分たちよりも、本社の経験者の方が確実な判断が取れるから。 ・どうしても判断をしなければならないのなら、カウンターリーダーの鶴田に判断をさせた方が現場の意見として有効だから。

「臨時便の要請」

案件15に対しての考えは、4人とも分かれていたが、最終的にはリーダー役を買って出た直人に判断が委ねられた。

直人は、携帯電話を手に取り、大きく息を吐いた。そして考えをまとめた。

「お待たせしました。10機臨時便を要請します。また、乗客の方は食事をされていませんので、機内食の準備をよろしくお願いします」

航空管理部の木村は動揺を隠せない様子だった。

「えっ、本当に10機も必要ですか？」

直人は確信した声で答えた。

「ええ、2000人のお客様が待たれているので、よろしくお願いします」と言い切った。

〝これで、空港内で疲れ果てているお客様が自宅に帰ることができる〟

もし、自分の判断が間違っていても、この2000人に影響する判断を自分の考えで下したことに対して後悔しないような気がした。

しかし、余韻にひたる間もなく、次に処理をすべき案件を考えた。

2つ目の判断

4人は、次に判断をするべき案件を、鶴田から提案のあったロビーで空腹になっている乗客への対応、案件11とした。

これへの対応についても、4人の考えは異なった。

案件11

鶴田がカウンターから
戻ってきて、直接言った。

お待ちになっているお客様が、かなりお疲れになっています。空港内の飲み物などの自動販売機は全て品切れで、売店も飲み物や食べ物が一切ありません。

南国航空本社の許可がないと駄目なのはわかっていますが、災害用の備蓄ペットボトルや食べ物をお配りしたいのですが、駄目でしょうか？
せめてお子様にだけでもお渡ししたいです。

あなたならどのような判断をしますか？

坂本直人の考え	
判断	**案件11の備蓄食糧をお客様に配る。**
理由	・空港内に飲料や食料がなく緊急事態であるから。 ・本社に許可をとる手段がないから。 ・臨時便が確実に到着するとは限らないから。

北川雄大の考え	
判断	**島中の民家などをスタッフが回って食料を調達する努力をする。**
理由	・本社の許可がないため。 ・備蓄食料は、あくまでも備蓄のためにあるのであり、今回のような緊急の対応のためではないため。

清水早紀の考え	
判断	**配らない。**
理由	・本社の許可がないため。 ・本来は空港管理会社が対応するべきものであり、当社の本来の業務ではないから。 ・全員に行きわたるかどうかわからず、パニックになる可能性があるため。 ・余分な経費が発生するため。

三条かおりの考え	
判断	**空港管理会社に判断を委ねる。**
理由	・自分たちが判断できる立場になく、もし損失が出ても責任が取れないから。 ・空港管理会社から要請があれば、仕方がなく提供したと理由をつけることができるため。 ・自分たちだけが食料を配布すると他の航空会社にも迷惑がかかるかもしれないため。

「非常食の配布」

この案件に対しても直人がリードを取った。

「ルールは確かに大事だけど、ルールを破る決断も必要だと思う。僕たちができるのは、お客様に何ができるのかを検討して、それを実行に移すことだ」

そう言い切ると、すぐに直人は鶴田を呼んで、他の部門のスタッフを応援に回して非常食を配る指示をした。

鶴田はカウンターリーダーとして、持ち前の機転を利かせて、

「ご年配のお客様とお子様のいるお客様から」

という前提をつけて、食料と飲料を配りだした。

３つ目の判断

次に判断をするべきことは、本日の最終フライトの従業員の席に、他社からの要請のあった病人を乗せるか、それとも県議会議員のどちらを搭乗させるかという判断であった。

これでも、また４人の判断は分かれた。

案件 8

memo

沖所長へ

体調不良のお客様の件

先ほど、平和航空から申し入れがありました。

内容は、本日の平和航空便でご搭乗予定の46歳の男性で、人工透析を受ける必要があるお客様がいらっしゃるらしいのですが、平和航空の便が欠航の場合は、もし当社の便が飛ぶようでしたら、なんとか搭乗させていただきたいとのことでした。

本日の1055便はすでに満席ですが、社員用割引航空券を使って、営業の大田さんの予約が入った席がありますので、この席をこちらのお客様に譲ろうと思いますが、よろしいでしょうか。大田さんは了承済みです。

8月2日　17:50　カウンター 塩川

案件 10

memo

沖所長殿

県議会議員　大杉先生の件

所長、忙しい中、申し訳ありません。

先ほど、県議会議員の大杉先生の秘書だというお客様から、何とか席を確保するようにと強いお申し出がありました。

いったん、他のお客様と同様にキャンセル待ちのご案内を申し上げましたが、ご納得されず、所長と直接交渉をしたいとお申し出いただいております。

いかが対応しましょうか。

料金は２倍出しても良いとも言われております。

私どもでは力不足だと叱られました。

８月２日　17:25　カウンター 宮坂

あなたならどのような判断をしますか？

坂本直人の考え	
判断	他社から受け入れの病人を搭乗させる。 県議会議員には自ら直接謝罪する。
理由	・お客様の生命や健康に直接関係しているため。

北川雄大の考え	
判断	県議会議員を搭乗させる。
理由	・議員がこれほどまでに強く要請してくるということは、何か大きな出来事があったからに違いない。それに政治的な要素であるから、ひょっとしたら国全体に影響があるかもしれないから。 ・料金も2倍出すと言っており、会社の利益になるから。

清水早紀の考え	
判断	両方とも乗せない。
理由	・多くのお客様がキャンセル待ちをしているので、この2人だけを優先搭乗させることはできない。確かに、病人であることは考慮するべきかもしれないが、それは平和航空で対処するべき問題であり、当社がリスクを負うことは避けなければならないため。

三条かおりの考え	
判断	どちらも搭乗させる。
理由	・どちらも重要で断れないから。 ・ひょっとすると、どなたかが席を譲ってくれるかもしれないから。 ・あとは客室乗務員の判断に委ねることができるから。

「どちらを搭乗させるか」

直人はこの議論もリードして自分の意見を通そうとしたが、これまでのこともあってか北川がどうしても譲らない。

「坂本さんは偽善的過ぎる。会社の利益を考えていない。どちらが会社にとってメリットがあるかを考えるべきだ」

少し高ぶった気持ちを抑えられない北川は、こぶしを握り締めながら、吐き捨てるように言った。

それを聞いた直人は、確かに自分が組織の一員であることを自覚した。

この対応を誤れば、ひょっとすると、北川の言うように会社に対して大きな影響が出ることになるかもしれない。

そのように考えると、頭に選択肢がたくさん現れて混乱した。

ふと、直人は、もし沖がこの場にいたらどう判断するだろう、もし、自分の上司だったらどうするだろう、と考えた。

今すぐにでも、電話して答えを聞けないものかと、つながらない携帯電話に手が伸びそうになったが、今は自分が判断するべき立場だということを自分に言い聞かせた。

自分の判断に迷いはないのか、本当にその判断で良いのか。

この選択を誤ると失われるものは何なのだろうか？

すると、あるシーンが直人の頭の中に浮かんだ。

直人の頭の中には、テレビのニュースで不祥事が伝えられ、会社の経営層がいっせいに頭を下げるシーンが思い浮かんだ。

顧客の生命や健康に関わることなのに、どうしてこの人達は、間違った判断をしたのだろう？　毎回不思議でならなかった。

しかし、自分が今、その当事者である。

〝きっとこの人たちも判断に迷ったんだな〟

今は彼らの気持ちが少しわかるような気がした。

失うもののレベルが違う。

そう確信した直人は、自分の意見を主張した。

〝またか〟

という顔で見る北川も、

「わかったよ。好きにしろよ、俺たちが怒られたら、すむだけかもしれない」

と直人の意見に賛同することをつぶやいて、壁にかけてあったヘルメットをおどけて被った。

判断のその後

他に判断するべき案件にとりかかろうとしたとき、すでに30分経ったのか、事務所内が突然消灯した。

照明は消えたが、うっすらと光る非常灯が意外に明るく、動き回るには支障がない。

多くの乗客がいるロビーからも、事前にアナウンスがあったので、大きな混乱はないようだが、子供の泣く声や女性の軽い悲鳴などが響いた。

直人は立ち上がり、懐中電灯と拡声器を持って、声をかけた。

「よし、お客様の誘導に行こう」

4人はカウンターやロビーのお客様の案内にあたった。

床に白い蛍光灯が映るほどだった照明は消え、薄い黄色の非常用スポットライトだけが力強くロビーを照らしている。ロビーには、照明代わりにしているのか、それとも、かすかな望みにかけて、本土にいる家族と通話しようとしているのか、携帯電話の白く小さな光が無数に蛍のように光っている。

南国航空のカウンター横には、特設の非常用食料と飲料の配布カウンターが設置され、人々が整然と並んで受け取っている。ロビーの隅では、使うチャンスがなかったのであろう、まっさらの虫取り網を片手にした少年が、乾パンを口一杯にほおばり空腹を満たしている。

その光景を見て、直人は間違った判断はしていないと確信した。

自分が判断をしなかったら、きっとこの子たちはまだお腹を減らして、親も悲しい思いをしただろう。

早く自宅に返してあげたい。機内で温かい食事をとらせてあげたい。

直人は純粋にそれだけを願う気持ちであふれていた。


そして一時間が過ぎた。

不気味に風の音が収まった。川のように速く流れる黒い雲の間から月が見えた。ヤシの木も葉は揺れているものの、いつもの力強さを取り戻していた。

事務所から鶴田が直人をトランシーバーで呼ぶ。

「坂本さん、コントロールより連絡が入ってます」

直人は事務所に戻り、鶴田から渡された社内ＰＨＳを受け取った。

「コントロールの山本です。臨時便が間もなく着陸態勢に入るそうです。受け入れ体制をとってください」

「やった。来てくれたんだ」

待ちに待ったとばかり、直人は力強く応答した。

直人はすぐに全部署に指示を出し、臨時便の受け付け体制をとるように指示をした。空港中央の案内板がパタパタと急に動き出した。人々はいっせいに注目した。

掲示板に、

「南国航空臨時便　搭乗受付中」

という表示が10枚並んだその瞬間、ロビーからは歓声と拍手がわき立った。

「お客様に南国航空よりご案内申し上げます。ただいまより、南国航空臨時便の搭乗受付を行います。キャンセル待ち整理券1番から200番までをお持ちのお客様は、南国航空1番から3番カウンターにお越しくださいませ」

弾みのついた、しかし、落ち着いた鶴田のアナウンスが空港中にこだますると、南国航空のカウンターにはぞろぞろと長蛇の列が並びだした。

大手航空会社のカウンター係も、そのアナウンスを聞いて、他社の飛行機であるのに、自社の飛行機が飛ぶかのように喜んでいた。

ようやく帰れる、そんな安堵の顔を多くの乗客が浮かべながら、我先にと南国航空のカウンターに並びだした。なかには涙を流すお年寄りや女性の姿、そして無邪気に喜ぶ子供の笑顔があふれていた。

直人は、その並び列を満足げに見ながら、ふとゲートの方をみた。

すると、着陸態勢に入った南国航空のYR－767が、まぶしいばかりの光線を出しながら着陸しようとしていた。そして、その後ろにも、またその後ろにも航空機らしき光が続く。

直人は、自分が呼んだ南国航空のＹＲ－７６７だろうと確信していた。

そして、直人は自分の判断がこれだけ大きな意味を持つこと、つまり判断をする仕事の魅力の快さを体がしびれるほど味わった。

〝みんな、この飛行機に乗って帰ることができる〟

ひょっとすると自分が神様に近づいたのではと錯覚するほどの感覚にひたっていた。

しかし、その感覚を打ち破り、耳を疑うような館内放送が直人の体を震撼させた。

「ＳＤＡ航空よりご案内申し上げます。本日、天候不良により運航をみあわせておりましたＳＤＡ０３４便、０９８便は天候の回復が確認されましたので、ただいまより搭乗手続きを再開いたします。なお、このあとに臨時便のご案内をいたしますので、キャンセル待ち整理券をお持ちのお客様は……」

隣に負けないとばかりに平和航空も同様のアナウンスを始めた。

「平和航空よりＨＩＡ２２０便、運航再開および臨時便のご案内を申し上げます……」

〝うちだけではなかったのか……〟

大きな轟音とともに到着した鮮やかな大型飛行機を直人は見た。これは南国航空の機体ではない。平和航空の定員３００人のＲ－６００である。この後に、他社からも臨時便がどれくらい降り立つのか……。

この2つの大手航空会社のアナウンスで、ロビーの人の波の流れも大きく変わった。

南国航空が臨時便のアナウンスをしてすぐに南国航空のカウンターにならんだ、大手2社の飛行機に搭乗予定だった乗客も、大手2社が相次いで運航再開をアナウンスすると、〝再開されたのなら……〟とばかりに、そのままスライドするかのように、大手2社の受付カウンターへ戻っていったのだ。

直人は、大きくうねる客の動きをみて、しばらく放心した。

「ああ……やってしまった」

うつろな言葉を出した後に、静けさを取り戻した南国航空のロビーを見渡した。

いたるところに、開けられてもいない乾パンや飲みかけの飲料が放置されている。

鶴田や直人を同情の目で見る3人が、どう言葉をかけようかと困っている。

直人は言葉を発することなく、ただ鳴っている電話を取った。

コントロールの山本からだった。

「あの……最終便は搭乗率が95%で間もなく出発するのですが、臨時便は現時点で搭乗人数が16名です。これじゃ臨時便1便でも搭乗率10%行きませんよ。後の9便に至っては、現時点で乗客がゼロですがどうしましょう……各機長からもどうするのかと……」

それを横で聞いていた北川は、ロビーに出て拡声器で呼び込みを始めた。

1人でも乗客をつかもうと、彼なりの努力であったが、その行動はあまり意味をなさないものであることは直人も、そして北川もわかっていた。しかし、それしかできないとも感じたのだろう。

南国航空から大手航空会社に流れる人の波から聞こえる、剃刀《かみそり》のような心ない発言が直人をさらに傷つけた。

「よかった、南国航空ってよくわかんない会社だから乗るのが怖かったんだ」

「でも、こんな機会がないと二度と乗る気が起きないと思うから、スリルを味わうつもりで乗っちゃう？」

「嫌よ、もうこれ以上スリルは」

10分ほど前には、あれだけ喜んでいた客とは別人のような態度を見ながら、南国航空のブランドイメージの低さを痛感した。

絶望感と脱力感で一杯の直人の目に、緑と青のライトの線で描かれた滑走路の上を滑るようにスポットに向かう、乗せる客のいないであろう南国航空のマークを付けた飛行機が映った。

それから

南国航空本社8階の役員用の応接室。

専務の高岡は、沖の提出した2つのレポートに目を通していた。

そのうちの1つの分厚いレポートをパラパラとめくりながら、吐き捨てるように尋ねた。

「で、この件の損失の概算はいくらくらいだ?」

高岡の前に座った沖は、額の汗を拭きながら答えた。

「えー、4600万円ほどです」

高岡は沖と反対方向に置かれた、南国航空の飛行機の模型を見ながらつぶやいた。

「4600万円か……やってくれたな」

「申し訳ありません。私の責任です」

と言って、沖は机に打ちつけるかのように頭を下げた。

高岡は少し笑いながら、

「私が彼らに判断をしろと任せたのだ、その台詞は私が後で社長に言う言葉だよ」

そう言いながら沖に質問した。

「沖君。もし君があの場にいたなら、臨時便を何便要請した?」

沖は即答せず、考えた。

「私なら、呼んでも1機でしょうか。本音は本社に任せたいところです。あの状況では判断は難しいです」

　高岡はそれを聞いてこう語った。

「沖君。われわれは会社の重要事項について、常に判断を下しているつもりだが、それは本当に判断と言えるのだろうか。自分に責任が降りかからないことを第一に、または調和を求めて、判断を下しているんじゃないかと。今回の彼らの判断を見てそう考えさせられたよ」

　高岡は続ける。

「最もしてはいけない判断は、判断できる状況で判断を避けることだ。この判断を避けるリーダーが増えているのが、わが社の問題の本質だ。だからこそ、彼らには判断をしたことを後悔させないで欲しい。むしろ、判断をしたことは評価してやってくれ。その上で、これから南国航空を変革するにあたり、リーダーに必要な判断とはどのようなものかを、学ばせて欲しいと思う」

　沖は頷いた。高岡はそれを見て言った。

「確かに、今回の結果は大きな損失となり、褒められるものではない。しかし仮に、今回大手航空会社が2社とも全便欠航とした場合に、この判断の結果はどう評価されただろう。私も君もその判断の恩恵に与《あずか》っていたかもしれない。だからこそ、結果だけを評価することなく、その結果に行きつくまでの、リーダーとしての判断の方法が評価されるべきなのだ。また、彼らには、そのように教えていかなければならない」

高岡は腕時計を見て、沖の肩を軽く叩いた。

「さあ、時間だ、社長室にいくぞ」

沖も、いつもより落ち着いた表情で応接室を後にした。


研修後、直人は元の職場に戻っていた。

仕事内容は、いつもの取引先を回る営業の仕事で変わりがなかった。

あの臨時便の件以来、内心、いつ責任を取らされるのか、いや、いつ責任を取るべきなのかという迷いで常に頭が一杯だった。

ともかく〝そのとき〟が来るまでは、せめて研修で体得したスキルを活かして、少しでも会社の損失の穴埋めをしようと、意識して仕事のスタイルを変えた。

その成果からか、周りからの直人を見る目は確実に変わっていった。

上司である課長や同僚、取引先までもが、今までかかっていたブレーキが外されたかのように、決めた目標に対して、一直線に仕事を進める直人の変化に驚いた。

なぜ、ブレーキが外されたのか……。

それは、直人の〝目標を決めた〟という行動がブレーキを外したのだ。

そして直人は、目標をクリアするためにはどうするか、そして障害をどのようにして超えていくのかをゲームのように楽しみだしたのだ。

それが、周りからはブレーキが外されたかのように見えたのだ。

いつもは相手にされなかった取引先の部長からも、

「さすが飛行機を10機空《から》で飛ばした男だな」

と揶揄《やゆ》されたが、そこには軽蔑《けいべつ》ではなく、尊敬の念とある種の信頼が込められていた。

直人が、ブレーキが外されたかのように、見えるようになったのには、実はもう１つ要因があった。

南国航空を辞める決心をしていたのだ。

以前から、仕事が嫌で辞めようと思っていたのだが、現在の辞めようという決意は以前のものとはまったく違う。空港での誤った判断の責任を取るための退職である。

ただ直人は、あのときの判断に対しては、自分では決して後悔していなかった。

一方で、次に同じような機会があった際に、必ず良い判断ができるようになりたいという強い熱意も彼に変化を起こさせていた。

沖からの最後のフィードバック

10月8日、そのときが来た。

今までの秋の陽気を消し去る北風が、間もなく到来する冬を告げるような寒い日、とうとう直人は本社に呼ばれたのだ。

あの日以来、連絡を取っていない北川、清水、三条も呼ばれているらしい。

直人は覚悟を決めて、本社のロビーを通り抜けた。

案内された面談室には、にこやかに迎える沖と人事部長が座っていた。

直人は、重苦しい雰囲気の中で処分を言い渡されると思っていたため、少し調子が狂ったが、表情を崩さずに2人の前に唇をかみしめて座った。

人事部長が本日の面談の内容を話し出した。

どうやら研修結果の振り返りが主らしい。

人事部長は説明を終えると、直人の前にインバスケットで抽出された直人の仕事の進め方や能力の発揮度があらわされたシートを置いた。

沖が説明を始めた。

「坂本君は意思決定力と創造力、組織活用力は素晴らしい結果が出ているよ。ただ、問題分析力や洞察力に課題があるようだね。つまり、この結果から言えることは、問題が発生すると、とにかく思いついたことを検証もせずに判断して、組織を使って実行していく、ということらしいのだけど。どうだい。自分でこの結果を見て」

直人は自分の判断には自信を持っていた。しかし、それが〝根拠のない自信〟だったと通告されたような気がした。そして、そのフィードバックは反論できないものだった。

目の前で発生しているトラブルに対して、とにかく判断を下さなくてはならない。いつも早い判断が良いことだと思っていた自分が見えた。

そして、判断の根拠となる確かな情報がなくても、自分自身で根拠のない判断を確かな判断だと決めつけていた。

〝あのときもそうだった〟

〝自分の下した判断に、後付けで良い情報だけを集め、飛行機を10機呼ぶべきだという願望を満たしただけではないのか〟

沖は、直人が自問自答しているのをじっと見守り、ゆっくりと話し始めた。

「坂本君は素晴らしい能力を持っている。そして、さらに良い判断を下すには、もっと学ぶことがたくさんある」

「今回の研修では、インバスケットをしたけれども、それとは別に実際に君が５年後、いや10年後にするべき判断を〝リアルインバスケット〟として体験する結果になったね。君の中に、自分でも知らない秘められた力があるのがわかったと思う。そして一方では、今の自分では対応できないという不甲斐なさも感じただろう」

沖は直人の思っていることを、あたかも全て知っているようだった。

「そうですね。あのときはとにかく必死でした。でも、結局どの判断が正解だったのですか？

沖さんならどのような判断をしました？」

直人は、あのときの判断は間違っていないと、いまだに思っていた。それが根拠のない自信であってもだ。

「臨時便のことかい。結論を言えば、僕なら1機かな。でも、それが正解かどうかはわからないよ。判断には絶対的な正解はないんだ。だからこそ、インバスケットで学んだ、判断に至るまでのプロセスが正しかったかどうかに注目するべきなんだ。その意味では、坂本君とは違った判断のプロセスだと思うけどね」

沖は直人をしっかりと見ながら説明した。

「あの状況において、病人や物資の関係上、私も臨時便は必要だと判断したと思う。しかし、あのときにさまざまな情報が手元にあったはずだ。他社便が動く気配があることは、10機呼ぶと言う判断には大きなリスクとなる。リスクとわかっているなら、そのリスクを減らす行動をしなければならない」

沖は続けた。

「何度も言うが、何機呼ぶのが正解なのかと、考えるべきじゃないんだ。その判断のプロセスが、リーダーとして正しかったかを検証するべきなんだ」

直人はどうしても、もやもやしたことがあり、その点を繰り返し聞いた。

「でも、あのとき、他社便がもし動かなかったら、10機呼ぶのが正しかったんですよね」

沖は答える。

「〝もし〟という考え方は、主観であり、ときには判断を大きく狂わせる。リーダーの判断がどれだけの影響を与えるかは、痛いほど思い知っただろう。リーダーが常に正しいプロセスを経て、判断をするためにはこのような考え方をするべきなんだ」

沖は図を描きだした。

問　題　点

乗客が帰れない

↓

仮　　説

全ての乗客が乗れるだけの機体を呼べば、帰れるのではないか

□いくらコストがかかる？

□確実に乗る乗客は何人？

□他社便も増発するのではないか？

↓

情　報　収　集

□案件13から推測

□200名程度

□他社に確認する

全体の流れ・背景
（営業所が赤字など）

↓

この上で対策を複数考える

・呼ばない　・10機呼ぶ　・５機呼ぶ　・１機呼ぶ

「坂本君はこの流れで判断したのかい？」

沖は見上げるように直人に聞いた。

「いや、他社は増発しないと思い込んでいましたし、10機呼んでいくらくらいコストがかかるのかも……。そして、対策の選択肢についても、10機呼ぶしかないと考えていました」

直人は正直に言った。

沖は頷きながら応じた。

「この流れだけではないよ。もっと、背景や全体の流れを見て判断しなければならない。つまり、あのときあった情報からこの営業所が赤字で存亡の危機にあること、大手航空会社に対してかなり苦戦していることが読み取れたと思う」

「これが、リスクを冒すべきかどうかの判断材料になるよね。つまり、まず前提条件や環境の分析を行う必要がある。それが、リスクを冒してもリターンを得ることのできる状況なのか、できるだけリスクを避けなければならない状況なのかを判断する大きな要因となるんだ。その上で、個々の案件処理に入らなければならない。とくに今回のような不確定な状況下ではね」

直人は、自分が環境などをまったく視野に入れてないことを思い知った。

次に、直人は非常食を配るかどうかの判断について、沖に確認した。

「この件は、結果から言うと、私も坂本君と同じ行動を取ったと思うよ」

直人は反論した。

「でも、今、冷静に考えると、規定を破っているから良い判断ではないですよね」

少し浮かんだ汗を拭きながら沖は答えた。

「規定やマニュアルで、全て判断できるのであれば、私たちの仕事はなくなるよ。リーダーの報酬のほとんどは〝判断への報酬〟だ。その点では判断をしない、もしくは判断を避けるリーダーは給料泥棒といえるよね」

沖は続けた。

「だからこそ、今回の坂本君の判断が全て真向勝負だったのを評価しているんだよ。でも、すぐに配らなければならないのかは、考慮しなければならない。できるだけ多くの観点から問題を見て、解決策を探るべきだと思うよ」

もう一つだけ、直人は自分の判断について聞いておきたかった。

「最後にもう一つだけ……議員の件ですが」

「あ、あれも坂本君と同じ対応をしたと思うよ。ただ、判断までのプロセスは違ったと思うけどね」

「プロセスですか？」

「まずは、現状を把握することから始める。つまり、議員の帰りたがっている状況を確認して、その上で、規則と照らし合わせる。それからの判断だけど、〝条件付き承認〟を使うと思うよ」

「条件付き承認？」

直人はすぐに沖に聞き返した。

「〝この条件をクリアできれば、承認する〟ということだ。例えば、搭乗時になってもゲートに現れないお客様、いわゆるNO－SHOWと言われるケースが発生したら、搭乗していただく」

直人はまた聞き返した。

「NO－SHOWがなかったら、乗れないということですか？」

「そういうこと。だから条件付き承認なんだ。可能性はあると思うよ。だって結果的に1055便は搭乗率が100％じゃなかっただろう。もし、ゲートに議員を待機させておければ、搭乗可能だったよね」

沖はそう言って、目の前の湯飲みに手を伸ばした。

「あと、こんなことも考えられないかな？　搭乗予定の顧客に対して事情を説明して、席を譲ってくれるお客様がいないかを募る」

「そんなことして、譲ってくれる方がいるのでしょうか？」

「ほら、坂本君は結果ばかり見ている。そう考えるとアイデアなんて浮かばないよ。もし譲ってくれる顧客がいなかったとしても、解決の方向としては、断るのとはまったく違う方向で、きっと議員は受け止めるよ」

「なるほど、判断へのプロセスが違うとは、そういうことなんですね」

直人が納得した素振りを見せると、沖は言った。

「坂本君たちのできている点も言っておくよ。優先順位をつけて判断したのは素晴らしいね。入社2年目では、言われたことや指示されたことを、全てこなすのを目標にしているだろう。でも、リーダーになると、全ての業務をこなすことより、どれを処理するべきかという優先度を決めなければならない」

沖はさらに続けた。

「リーダーになったばかりの人間がおちいる悩みが、全ての業務を処理するべきだが、時間が足りないということだ。だからこそ、どの案件を処理すべきか、そして、その基準は何なのかを明確に持つことが重要なんだ」

直人は、自分と沖との間で、判断への道筋の違いが何なのかを整理していた。

〝つまり、正しい判断をするためには、必要なプロセスがあり、そこにヌケやモレがあると、よくない判断になる恐れがある〟

〝全体の中で判断をする〟

〝判断する上でのリスクを把握する〟

まだまだ直人にはリーダーとして足りないことがたくさんあることに気が付いた。

逆に、自分の目標ができたような気がした。

「高岡専務から言いつかっていることがある。専務は君の判断を高く評価している。結果が出て、批評する人間はたくさんいると思うけど、それはあくまで結果なんだ。もちろん自分が下した判断に対して責任を取るのはリーダーの仕事だ。でも結果的に案件処理は失敗に終わったけど、失敗した結果を悔やむのではなくて、なぜ失敗する判断をしたのか、そこに行きつく道のりを検証して欲しいとおっしゃってた」

直人は頷いた。

「そして今回の結果は、単なる失敗ではない。意図のある失敗だ。この失敗は必ず君の糧になる。一番犯してはならない失敗は、判断をしないことによる失敗、つまり意図のない失敗だ。この失敗は、その人にとって一生後悔することになる」

〝意図のある失敗!!　意図のない失敗!!〟

沖は時計を見ながら言った。

「今回の件で、君がこれから先に進むステージが少し見えたと思う。次は本番としてとらえて、それまでにしっかりと準備をしておくんだ。いいね」

直人はうなずきながらも、複雑な表情を浮かべた。

「その件ですが、実はお話したいことがあるんです……」

直人は退職の意思を沖に話そうとすると、沖が遮るようにして、言った。

「まさか責任を取って、辞めようというんじゃないだろうね。もっとも、坂本君の判断スタイルだと考えつきそうなことだけどね」

直人は見抜かれたことに驚きこう言った。

「どうしてわかったんですか？　今回、これだけ会社に損害を与えているので、責任を取るべきだと思います」

沖が返した。

「先ほど言ったように、確かに、判断に対する責任は取るべきだけど、責任の取り方には他に方法があると思う。まず君が選択するべき方法は、早く自分で責任を取れる立場になることじゃないのか」

直人は少し考えた。

「リーダーの報酬は判断料がほとんどだけど、その中には責任料も含まれている。責任はその報酬を受けている人間が取ればいいんだよ」

と沖は言って、笑ったが、どこかにさみしげな印象があったのを直人は感じた。

フィードバック後の4人

それまであまり話さなかった人事部長が、タイミングを図っていたかのように言った。

「ではフィードバックも終わったようなので、坂本さんに、私からお話があります。あなたの今後の件ですが、関連会社に出向していただこうと思っています」

直人は出向と言う言葉を聞いて、内心、動揺したがこれが自分の責任の取り方の一つかもしれないと感じながら聞いた。

「ランランフェリーですか?」

沖と人事部長は顔をあわせて笑った。

「坂本さん、あなたには、今度新しく設立される航空会社で活躍して欲しいと思っています」

人事部長はにこやかにそう言うと、新しく設立される〝南国リゾート航空〟の詳細が書いてある企画書を直人に見せた。

「坂本さんも知っている通り、わが社の業績は厳しくなっており、このままでは競争に負けてしまうのは誰が見ても明らかです。しかも、大手航空会社は、次々と格安航空会社を設立し、海外航空会社もわが路線に参入しようと計画しています」

人事部長は続けた。

「今後のわが社の生き残る道として考えられたのが、リゾート地を大都市と直通で結ぶ、高品質なサービスを提供する路線の開発です。この会社には、今までの南国航空の考え方とまったく違った、全てをゼロベースから創り上げていく人材が必要です。そこで、坂本君の意思決定力と創造力を十分に発揮して、この会社の立ち上げに協力して欲しいと考えました。ただ、勤務地は海外になると思います」

直人が会社詳細を見続けていると、人事部長は、冗談を交えながら伝えた。

「まだ内示の段階ですので、じっくりと考えてみてください」

直人は判断した。〝この会社に行って、もう一度やり直してみよう〟その意思を伝えようとすると、沖がにこやかに言った。

「坂本君、いつもの判断スタイルではなく、プロセスを大事にした判断をしてくれよ」

直人はいつもの判断スタイルが出ていることに気づいて、冷静になった。

「そうですね。人生を変える大きな決断なので、きちんと問題点を把握して、仮説を立ててインバスケット的に判断します。お返事は明日でよろしいですか」

人事部長は頷いて、机の上の書類を整理し退室の準備を始めた。

一階のロビーでは先に面談を終えたのか、北川と清水と三条の3人が直人を待っていた。

北川が声をかけてきた。

「坂本さん。どうでした、フィードバックは？」

そして、直人が研修の結果を伝えると、4人はそれぞれのフィードバック結果を伝えあった。

研修結果フィードバックシート					
部門	東京支店	社員コード	G09873	氏名	坂本直人
今後伸ばしていただきたいこと	本質的な問題を発見することが出来ない、または問題を発見しても解決しようとしないため、案件処理も表面的な処理で終わっています。物事の表の面だけを見るのではなく、問題の根本は何なのかという視点を持って下さい。 問題発見から分析や情報収集、そして他の案件の関連などを考えず、判断を急ぐ傾向もあるようです。				
フィードバックを受けての気づき（本人記入）	今回の研修で自分が問題と分っていても、見なかったことにしようという意識が強いことに改めて反省させられました。「本当の問題が表面に出ているとは限らない」ということを常に考えながら業務にあたりたいと思います。 あわせて、自分に目標がないことに気が付きました。これからは常に目標を持って進んでいきたいと思います。				

研修結果フィードバックシート					
部門	鹿児島空港整備課	社員コード	S98223	氏名	北川雄大
今後伸ばしていただきたいこと	すぐに明確な意思決定ができるのは素晴らしいのですが、多くの場合でプロセスが漏れているようです。特に問題を発見する力や自分の判断の正確性を上げるための情報収集に課題があります。これからリーダーになれば、気合いや経験や度胸だけでは意思決定できないケースも出てきます。論理的な考え方や意思決定方法を身につけましょう。				
フィードバックを受けての気づき（本人記入）	褒めていただいて感激しております！ これからは、自分に足りなかった問題を発見する力をガンガン伸ばしていきたいと思います。これからもご指導よろしくお願いします！				

<table>
<tr><th colspan="6">研修結果フィードバックシート</th></tr>
<tr><td>部門</td><td>本社　営業企画課</td><td>社員コード</td><td>I98266</td><td>氏名</td><td>清水早紀</td></tr>
<tr><td>今後伸ばしていただきたいこと</td><td colspan="5">論理的な判断方法で問題の本質を解決しようとする姿勢は評価できますが、対人関係能力に課題が残ります。自分の判断に自信を持ち過ぎて、相手の考えや意見を受け入れることができない傾向が表れています。
また、自分の感情を相手に伝える段階でも課題があるようですので、相手の気持ちを考えてコミュニケーションを図るようにして下さい。</td></tr>
<tr><td>フィードバックを受けての気づき（本人記入）</td><td colspan="5">ご意見ありがとうございます。
私自身、対人関係に問題があると思っていませんが、今回の研修で多くのことを学んだのは事実です。自分の発言の内容や相手に自分の考え方を押し付けることが、確かにあったと思いますので。さらに自分を高めるために、上司に対人関係の必要な部署への転属を相談したいです。</td></tr>
</table>

<table>
<tr><th colspan="6">研修結果フィードバックシート</th></tr>
<tr><td>部門</td><td>本社　業務課</td><td>社員コード</td><td>P98269</td><td>氏名</td><td>三条かおり</td></tr>
<tr><td>今後伸ばしていただきたいこと</td><td colspan="5">全体的な視点から問題を解決しようとする姿勢は評価できます。
しかし、自らの考えや判断を相手に伝えるなどの意思決定力に課題があります。
特に不確定な状況下などでは意思決定を避ける傾向があります。もっと自分の意思決定に自信を持つようにしましょう。
また、案件処理も自らが抱え込む傾向があります。組織を活用して案件処理を進めましょう。</td></tr>
<tr><td>フィードバックを受けての気づき（本人記入）</td><td colspan="5">このたびは良い気づきの場をいただいてありがとうございます。
全くご指摘の通りだと思います。
以前、自分が判断した結果大きなミスを犯して、周りに迷惑をかけたことから、自分の判断に自信がなく、できるだけ判断をする業務から逃げていたのは事実です。
できるかどうか不安ですが、自分の考えを相手に伝えるように努力いたします。</td></tr>
</table>

直人は、人にはそれぞれ考え方や判断方法にクセがあり、それが個性であるということも感じた。しかし、自分の判断方法にクセがあると、今回の研修で初めて気が付くことができたということは、自分の判断方法にどのような癖があるかを知っている人は少ないのではないかとも感じた。

そのあと、清水が、

「で、今後の話はあった？」

と切り出すと、直人は新会社設立の話をしようと思ったが、内示の段階なので口外できないと慌てて発言を止めた。

どうやら、他の3人も同様の反応らしく、会話が止まった。

そして、お互いの反応を見あって、ひょっとして同じ職場で働くことになるのではという予感を感じ取った。

4人が会社のロビーで別れた後の帰り道で、直人は、新しい世界が広がる期待で胸が一杯になった。新入社員の頃に味わった感覚であることも思い出した。

しかし、頭に大きな問題が浮かんだ。海外勤務になるかもしれない現実的な問題である。

今の直人の頭の中には、期待や不安が交錯していたが、まず先に考えなければならないことが頭によぎった。

すると、直人は街を行き交う雑踏《ざっとう》を避けるかのように、街路樹の傍《かたわ》らで携帯電話を取り出し、ワンタッチ登録している連絡先に電話をかけた。

数回コールが流れ、ようやくつながった。

「あ、直人、どうしたの。こんな時間に」

電話の先は直人の恋人である青山みあだった。

「悪い、今電話大丈夫？」

みあは移動している最中のようだった。

「うん、大丈夫。今ちょうどお昼休憩だから、今日は店の子がケーキの発注を間違っちゃって、その処理でこんな時間になっちゃった。ところでどうしたの？」

直人は意を決して、言った。

「実は異動の内示が出たんだ。どうしようかと思って……」

「え……異動って転勤のこと？　どこに……」

電話口のみあは明らかに動揺している様子だった。

直人は、その動揺を少しでも打ち消そうと明るくしっかりと言った。

「海外勤務かもしれないんだ。新しく設立される会社で、海外のリゾート地と国内都市を結ぶ高級航空会社らしいんだ」

「ありえない、海外って……」

いつもの元気なみあの声は、明らかにショックを受けた声に変わっていた。

しばらくの静寂が2人の電話の間に訪れた。

「内示だから断ることもできるんだけど……」

静寂を打ち切るかのように直人は言った。

電話の向こうでは、みあのすすり泣くような声が少し聞こえたような気がしたが、いつもの明るい声が返って来た。

「大丈夫。受けるべきよ。だって、大チャンスじゃん。でも、もし海外勤務になったら、私もついていきたいけど、まだ店長になって間がないし。頑張ってお休みとってから、会いに行くわ」

背伸びをしている言葉であったのはわかったが、直人の中で、〝内示を受ける〟という判断に対しての力強い後押しになった。

みあは電話を切る前に、

「直人変わったね。今まで全部自分で決めて、こんなこと私に相談してくれなかったのに……ありがとう」

と笑いながら言った。

直人には、どんな表情でみあが話しているのかがリアルに頭に浮かんだ。

2週間後、直人はパラオに向かう飛行機の中にいた。

辞令を受けて、すぐにパラオの営業所の開設準備スタッフとしての赴任を指示されたのだ。

直人の辞令が下りた同じ日に、教官の沖は子会社の〝ランランフェリー〟に出向、専務の高岡の降格人事も発表された。

研修を一緒に受けた3人も直人と同時に辞令が下りた。

実は、直人を含めた4人とも新会社への出向だった。北川は、新しく導入される機体の品質管理部門に配属となった。機体に異常が発生したときの原因分析が主な業務らしい。

清水は、なんと自ら志願して、客室乗務員となるらしい。現在、育成学校で教育を受けている。あの清水が機内でおもてなしをしている姿を考えると、直人は不思議な気持ちになった。

三条は、業務課に配属となった。三条は、あえて自分の弱いところを伸ばすのではなく強いところを活かす選択をしたようだ。

客室乗務員が気を効かせて配られた機内の新聞には、南国航空の新会社設立の記事が目立つ中、三行ほどの記事で、与平名航路の廃線が決定されたとも書かれていた。

この記事を直人は見ながら、必ず再び与平名島に、自分が路線を開設し、あの空港のスポットに南国航空の飛行機をずらっと並べることを心に誓った。

直人の眼下には与平名島の海と同じ色をしたソーダー色の海がひろがり、飛行機はパラオ国際空港に向け着陸態勢を取った。

第四章

5年先の自分軸を創り上げる「守破離の離」

自分のインバスケット思考を身につける

実際に2つのインバスケットを体験されて、あなたはどのような発見をされたでしょうか？

自分が考えていたほど案件処理ができなかったり、時間がなかったりと、くやしい思いをされたのではないでしょうか。

実はこのくやしいと思うことが大事なのです。

悔しいと思い、自分に足りないものを実感することができれば守破離の「破」のレベルです。

そして、足りない要素をふまえて、積極的に自分を高める行動をする。つまり、自分に投資することで、自分のインバスケット思考が身についてきます。

インバスケット思考を身につけて、実際に職場や生活などで活用することで、はじめて守破離の「離」の部分になります。

さて、これまで私たちは、多くの知識やスキルを学んできたはずです。学校でも、会社でも、いかに新しいものを教えることができるのか、という観点で教育が進められてきたように思います。

入社1年目であれば、仕事を進める上での必要な知識やスキルは不足しているでしょう。

しかし、2年目となると最低限の業務を遂行する知識やスキルは与えられているはずです。また不足している知識やスキルについては、自主的に学ぶようになります。

だからこそ、入社2年目以降は、新しい知識やスキルを身につけることばかりに重点を置くのではなく、いかに持っているものを活用できるか、知識やスキルを実際の判断・行動に結びつけることができるかを考えるべきです。

インバスケット思考は、アウトプット型の思考法なのです。

またインバスケットには答えがありません。したがって、守破離の離で築くことになる、あなたのインバスケット思考もどのようなものになるかは、わかりません。

本書に登場した4人の研修生や教官の沖たちの考え方は、絶対的な正解ではありません。人にはそれぞれ考え方に特徴があります。言いかえれば、あなたの考えとまったく同じ人間はこの世には存在しないように、判断の方法は人の数だけ存在すると言えます。

あなたがどのような判断方法を取るべきかは、最終的にはあなたが創り上げていくのです。

もちろん、今の考え方は長年あなたが培ってきたものですから、突然には変わりません。

では、どうすればよいのでしょうか？

例えば、東京タワーの高さより長い巨大タンカーが、進む方向を変える際にどのような方法をとるかご存知ですか？

巨大タンカーには、大きな舵とは別に、トリムタブという小さな舵が付いていて、その小さな舵を動かすことから始めるのです。

あなたの考え方も、少しずつでも今回気づいたことを実践しているうちに、いずれ大きく変化するのは間違いないのです。

自分流のインバスケット思考を身につけ、確立させるのに近道はありません。

もしあるとすれば、その考え方を実際の仕事や生活において、活用することです。

活用しているうちに定着し、いずれは思考の中に自分軸が必ず現れます。

上司の行動を観察する

インバスケット思考を身につけて、それを確立させるためには、いかにアウトプットをする経験を積むかが重要です。

ですが、実際はそのようなアウトプットの場が与えられることは稀《まれ》であり、多くの方がせっかく持っている実力を発揮しきれていないのが現状で、くやしい思いをされていると思います。

そのためにも、インバスケットでトレーニングすることをお勧めします。

本書に掲載しているインバスケット問題は、読み物としてわかりやすく加工しており、一般的に実施されているインバスケット問題とは異なります。実際にインバスケット問題をされる場合は、弊社サイトでご覧いただきたいと思います。自分のレベルに合わせて、さまざまな問題に挑戦していただけるようになっています。

そして、インバスケット思考を確立させるためのもう一つ有効な方法があります。

それは、あなたの上司を観察することです。

昔から、「仕事は教わるものではなく、盗むものだ」と言われてきました。これは職人の世界で技術を盗むことをイメージされる方も多いと思いますが、言ってみれば、判断の方法なども1つの技術です。

上司の〝判断の方法〟という技術を盗むのです。

自分の上司には、盗めるような良いところなどないよ、と言われる方もいるかもしれません。しかし、その考え方はいただけません。上司の方にも必ず良いところと悪いところがあり、参考になる部分を盗めば良いのです。

ただし、気をつけなければならないのは、結果だけを見て判断してはいけないということです。

なぜなら良い結果が出たからと言って、全てが良い判断とは限らないからです。

判断を避ける傾向の上司の方でも、ときには良い結果が出ているように見えることもあります。つまり、良い結果が出たからといって、その判断方法をマネしようと思わないことです。

観察していただきたいのは、上司がどこに問題点を見つけ、どのような仮説を立てて、情報を集めているか、そしてどのように判断をしたのかというプロセスです。

もし、そのプロセスがわからなければ、遠慮なく上司の方に聞きましょう。

「どうしてその点を問題だと思われたのでしょうか？」

きっと、上司の方はその理由や観点を教えてくれるはずです。

こうして、自分の考え方と上司の方の考え方を比べて、どこに違いがあるのかを確認するだけでも、あなたのインバスケット思考は固まっていくでしょう。

また、直属の上司以外の方で、とくに高い評価を受けている上位職の方も観察しましょう。管理者の評価の大部分は、良い判断をしているかどうかです。したがって、高い評価を受けている方は、インバスケット思考をしっかりと持っている方だと言えるのです。

これからあなたが、実際に遭遇する問題の中には非常に複雑で、不確定な環境下にあるものも出てくるはずです。このような複雑な問題に対しても、より精度の高い判断が下せるようにしなければなりません。

そのためには、いろいろな人の考え方を観察し、ときには取り入れるなどして、自分なりのインバスケット思考を強化しておくことが大切なのです。

インバスケット思考を最大限に活用するには

インバスケット思考をスキルとして身につけることだけで、リーダーとして真の力が発揮されるかというと、そうとは言い切れません。

わかりやすく言えば、インバスケット思考があっても、人間性がなければ組織を束ねることはできませんし、誠実さや常識などが欠けていれば、誰もあなたの判断を受け入れることはないでしょう。

インバスケット思考は、人間性や基礎的なビジネススキルなどの上に立って、活用されるのです。

企業の人事においても、インバスケット試験の結果が良い人が全員、リーダーとして評価が高いのかというと必ずしもそうではありません。

リーダーとして、人間の魅力や常識、ある程度の専門知識などがあり、インバスケット思考があれば素晴らしいコラボレーションとなるのですが、前者が欠けていると、判断だけができる人間性のないリーダーとなり、これでは組織を動かすことはできません。

だからこそ、高度な理論に飛びつくのではなく、基礎的な部分や人間性をまず固めて、その延長線上で将来必要になるスキルを身につけることが重要です。

実際に、私も勉強するときは、高度な理論や思考法のセミナーよりも、基礎の部分にあたる一般的なセミナーに行きます。

ホームページのセミナーで例えるなら、「絶対顧客が増えるSEO対策上級編」というセミナーよりも、「わかりやすいホームページ作成」というセミナーを選びます。

いかにSEOなどで集客しても、本来のホームページが難解であると、結果的にお客様に商品を買っていただけないのです。

わかりやすいホームページを作って、そこから初めて集客の高度な技術を習得するのが筋道だと思うのです。

「こんなことわかっているよ」と思うことも、もう一度見直す姿勢が常に必要なのです。

本書をお読みの方で、すでに一通りのビジネススキルは習得していると、確信をされている方がどのくらいいるでしょうか。もし、確信をされていても、時がたつことで忘れていたこともたくさんあるはずです。

だからこそ、基礎部分を固めたインバスケット思考を身につけるべきなのです。

定期的に自分に何が足りないかを確認する

自分を伸ばすためには、まず自分に何が足りないかを知ることです。

完全な人間など存在しませんから、いかに優秀な人だろうと、必ず課題となる部分は存在します。

むしろ、はっきり申し上げますと、課題となる部分の方が多いはずなのです。

インバスケットは自分の判断や行動スタイルを映し出す鏡です。

日ごろ頭で考えていることは、次から次へと浮かんでは消えていくので、自分の考えを検証する機会はなかなかありません。

みなさんは自分自身の声を聞いたことがあるでしょうか？

もちろん、自分の姿はよく見ているかと思いますが、自分自身が話している声を聞く機会はあまりないでしょう。自分の声を聴くのは、照れくさかったり、話し方に自信がないゆえに、抵抗のある方が多いようです。

カウンセラーの試験では、自分のカウンセリングの内容を文字として残す逐語録を取ります。

これは、会話の内容を記録することで、後でどのような点に改善する余地があるかを振り返るものです。発言のタイミングなどを振り返ることで、より良いカウンセリングを実現しようとしているのです。

つまり、流れているものを止めることで、検証を行うのです。

検証を始めると、いつもは流されていた自分の課題や、思わぬヌケやモレが見つかります。同じように、インバスケット問題を実施し、自分で検証をするとよいでしょう。第三者に客観点に見て欲しいという方は、弊社で、世間のビジネスパーソンと比較し、発揮度の弱い能力は何かを測定する個人向け採点分析サービスを行っていますので、これらを使って自分自身の課題点をはっきりさせることも可能です。

また、一度測定して安心する方もいるのですが、能力は使わなければ錆《さび》ついてきます。定期的に測定をして、今の自分の課題をしっかり見つめなおし、それを意識してインバスケット思考をつけていかなければなりません。

また、組織に属していると必ずあなたを評価する方がいます。

評価を受ける際には、勇気を出してあなたにどのような課題があるか聞いてみましょう。きっと、あなた自身には見えない課題点を教えてくれるはずです。

なぜならば、欠点や課題点は、自分より他人の方がよく知っているからです。自分の課題を聞くのが怖いのはよくわかります。しかし、聞いても聞かなくても、他人がそう感じているという事実は変化しません。あなたが知っているか知らないかの違いなのです。

事実として受け入れ、１つずつ課題として克服するようにしましょう。必ずあなたの将来に良い効果をもたらすでしょう。

必ず良い成果を出す「インバスケット思考」

今までご紹介してきたインバスケット思考をまとめますと、一定の時間内に正しいプロセスで判断を行うということになります。

そのためには、プロセスのヌケやモレをなくすことが必要です。

しかし、実際にはプロセスのヌケやモレが見られるケースもあります。


私が流通業にいたときのことです。

担当の10数店舗の中で、ある商品のデーターを比較していると、ある店舗だけ極端に売上数値が悪いお店がありました。店舗の責任者に電話して確認すると、売場にはきちんと並べているのに売れないとのこと。

データーを確認すると、確かに発注され、納品されています。店長は客層が合わないからだと主張します。

そこで売場に直接確認に行くと、原因がわかりました。

ＰＯＰが付いていなかったのです。正確には付けていたが、外れたようです。つまり、商品は値段がわからない状態で並べられていたから、売れなかったのです。

このように、きちんと発注し、陳列してＰＯＰをつけるという行為をすれば売れるはずなのに、売れないという結果には、何か原因があるのです。

仕事上のさまざまなケースで、成果が出ないのは、途中のプロセスに必ず何か問題があるからです。問題を発見し、仮説を立てて分析をして、対策を複数立てるなどのインバスケット思考のプロセスのどこかが漏れていると、当然、結果は出ません。

言い換えれば、インバスケット思考を身につけて実践すれば、今より良い判断や結果が出るのです。

そして、このインバスケット思考をできるだけ早くに身につけるようにしてください。なぜなら、あなたにとって重要な判断をしなければならない時期は、すぐそこに来ているのです。

また、早く身につければ、それだけ恩恵《おんけい》も長い期間受けることができます。

先ほどの商品の例を再び取り上げると、ＰＯＰが外れているということを、早い時期に見つけて、ＰＯＰを取り付ければ、より多くの商品が売れて、店舗に収益として上がっていたことでしょう。逆に、それに気がつくのが遅ければ遅いほど、損失は大きくなるのです。

そうならないためにも、本書を読んだだけで、判断方法が良くなったと錯覚することなく、インバスケット思考の精度を高め、そして、インバスケット・トレーニングを継続して行い、守破離の「離」の境地に達してください。

インバスケット思考を身につけたあなたが、多くの人に影響を与える判断をする立場につかれ、多くの人の幸せに寄与されることを心より応援します。

おわりに

「1年目には見えなかったところが見えてくる。会社の綺麗《きれい》な部分ばかりではなく、汚い部分も見えてくる」

入社2年目の方とお話しているときに聞いた言葉です。

これは入社2年目に限らず、上位職になればなるほどあてはまることです。

雲の上はどうなっているのだろう、と思っているうちが楽しいのかもしれません。

しかし、だからと言って目を塞《ふさ》いで、ただ貴重な時間を浪費していくのはあまりに悲しいことです。

見えなかったところが見えたときに、そこから何を見出すかが大事だと、私は信じています。

本書を執筆するにあたっては、自分が入社2年目の頃を思い出しましたが、実は今も入社2年目も変わりがありません。迷ったり、戸惑ったり、そしていつも自分に足りない部分を感じながら、生活をしています。

そんな中で、幸いにして私は、インバスケット思考というものを、自分で得ることができました。

得るべきことは早めに得る。

それが1分でも1時間でも早ければ早いほど効果があり、それによってこれからの人生が変わっていくと思います。

そして、成長し続けなければなりません。

私は、まもなく40歳の節目を迎えますが、多くの方から、さらに多くのことを学び、それを皆様にお伝えすることが私の目標です。

本書が皆様の気づきとなり、良い判断をされる何かのきっかけになることができれば、著者としてこの上ない喜びです。

最後に本書を執筆するにあたり、社内でプロジェクトを結成していただいたWAVE出版の玉越直人社長、編集部長の小田明美さん、そして編集を担当していただいた池田秀之さんに心よりお礼を申し上げます。

本書を最後までお読みいただいた読者の皆様にも、心より感謝申し上げます。

ありがとうございました。

2011年10月

鳥原隆志

鳥原隆志（とりはら・たかし）
株式会社インバスケット研究所 代表取締役
インバスケット・コンサルタント
大手流通業にて、さまざまな販売部門を経験し、スーパーバイザー（店舗指導員）として店舗指導や問題解決業務に従事する。昇格試験時にインバスケットに出合い、トレーニングと研究を開始する。その経験を活かし、株式会社インバスケット研究所を設立。これまでに作成したインバスケット問題は、ゆうに腰の高さを超える。現在、日本で唯一のインバスケット・コンサルタントとして活躍中。著書に『究極の判断力を身につけるインバスケット思考』（WAVE出版）がある。

株式会社インバスケット研究所公式ホームページ
http://www.inbasket.co.jp/

個人向けインバスケット情報サイト「インバス！」
http://www.eonet.ne.jp/~in-basket/

インバスケットメールマガジン
http://www.mag2.com/m/0000277810.html

〒599-8236
大阪府堺市中区深井沢町3268-1　千寿ビル10階
株式会社インバスケット研究所
TEL:072-242-8950／E-mail:info@inbasket.co.jp

＊「インバス！」「インバスケット」は株式会社インバスケット研究所の登録商標です

入社2年目の インバスケット思考

一生ものの仕事の進め方

2011年11月3日 第1版第1刷発行　定価（本体1,400円＋税）

［著　者］ 鳥原隆志
［発行者］ 玉越直人
［発行所］ WAVE出版
〒102-0074　東京都千代田区九段南 4-7-15
TEL 03-3261-3713　FAX 03-3261-3823
振替 00100-7-366376
E-mail：info@wave-publishers.co.jp
［印刷・製本］ 萩原印刷

ISBN978-4-87290-546-5